»Gedichte können die Zeit besser überstehen als die prächtigsten Tempel und Paläste«, sagt Marcel Reich-Ranicki. Dieser Band versammelt die für den Literaturkritiker wichtigsten und schönsten Gedichte vom 12. bis zum 21. Jahrhundert: Gedichte von Liebe und Vergänglichkeit, die heute noch leuchten wie am ersten Tag.

Vom mittelalterlichen *Du bist mîn* bis zu Goethes *Heidenröslein*, von Rilkes *Der Panther* bis zu Brechts *Erinnerung an die Marie A.*, von Georg Kreislers *Der Tod muß ein Wiener sein* bis zu Ingeborg Bachmanns *Gestundete Zeit*.

Außerdem im insel taschenbuch erschienen: *Die besten deutschen Erzählungen* (it 4185).

insel taschenbuch 4186
Die besten
deutschen Gedichte

Die besten
deutschen Gedichte

Ausgewählt von
Marcel Reich-Ranicki

Insel Verlag

Umschlagfoto: Jamie Grill/Getty Images

6. Auflage 2015

Erste Auflage 2012
insel taschenbuch 4186
Insel Verlag Berlin 2012
© Insel Verlag Frankfurt am Main und Leipzig 2003
Quellennachweise am Schluß des Bandes
Vertrieb durch den Suhrkamp Taschenbuch Verlag
Umschlag: Michael Hagemann
Satz: Satz-Offizin Hümmer GmbH, Waldbüttelbrunn
Druck: CPI – Ebner & Spiegel, Ulm
Printed in Germany
ISBN 978-3-458-35886-2

INHALT

VORWORT

Brauchen wir Gedichte, brauchen wir sie wirklich? Und wenn ja – wozu eigentlich? Was darf man denn von ihnen erwarten? Was können sie leisten? Das sind Fragen, über die schon oft nachgedacht wurde. Also, wenn man so sagen darf, lauter alte Hüte? Mag sein, aber immer noch nicht überflüssig, zumal keine Antwort ganz zu befriedigen vermag. Sollten diese Schwierigkeiten mit dem Wesen der Lyrik zu tun haben?

Bei Schiller findet sich in der Abhandlung »Über die ästhetische Erziehung des Menschen« ein überraschendes Bonmot: »Der Mensch spielt nur, wo er in voller Bedeutung des Wortes Mensch ist, und er ist nur da ganz Mensch, wo er spielt.« Wie alle Bonmots ist auch dieses, mit Verlaub, kräftig überspitzt. Unser Schiller selber räumte sofort ein, seine lapidare Äußerung könnte paradox erscheinen. Was ihn natürlich nicht hinderte, sie zu verteidigen – so geschickt wie leidenschaftlich.

Ich liebe den Autor des »Don Carlos« seit meiner Jugend, und auch jetzt bin ich gern bereit, ihm zu folgen, ihm zuzustimmen. Allerdings: Das Wort »Spiel« ist vieldeutig und bezieht sich auf sehr Unterschiedliches. Wie wollte es Schiller verstanden wissen? Hatte er etwa – das ist nur eine Vermutung, vielleicht eine von mehreren Möglichkeiten – die Kunst im Sinn, die Poesie?

Denn die Poesie, das ist doch zunächst und vor allem ein heiteres und zugleich ein sehr ernstes Spiel. Es schwankt zwischen dem Spaßhaften und dem Feierlichen, dem Närrischen und dem Erhabenen. Es ist ein uraltes und sich stets aufs neue verjüngendes Spiel. Wir leben in der Epoche der Computer, wir erobern den Weltraum. Trotzdem werden unentwegt und überall Gedichte geschrieben und gedruckt und, siehe da, ziemlich massenhaft gelesen. Die Dichtung hat kein Ende.

Was will sie? Oder vorsichtiger gefragt, was versucht sie? Sie besingt unser Dasein. Schon wahr – und mehr nicht? O doch:

Sie ist kühn genug, zugleich und insgeheim zu protestieren. Mehr noch: In der Lyrik, der zartesten und intimsten, der anmutigsten und übrigens auch der subjektivsten Gattung der Literatur, ist stets auch ein Element des Aufruhrs verborgen, ja der regelrechten Rebellion – und nur auf den ersten Blick scheint dies verwunderlich.

Irgendwann erkennt jeder Mensch, daß er irgendwann sterben wird. Daß das Leben vergänglich ist, daß wir alle sterben müssen, erkennt man es schon in der Jugend? Wohl eher später. Aber das ist nicht immer der Fall. Viele Poeten beispielsweise sind für diese simple und traurige Einsicht sehr früh empfänglich. Ich habe nie in meinem Leben ein Gedicht verfaßt, nie mich bemüht, auch nur eine einzige Strophe zu schreiben. Doch wurde mir diese Einsicht leider erschreckend schnell zuteil. Richtiger, ich wurde mit ihr geschlagen.

Es mag recht komisch, geradezu lächerlich klingen, aber so war es: Als ich in einem Berliner Gymnasium von der Obertertia in die Untersekunda (so hießen die Klassen damals) versetzt wurde, überfiel mich plötzlich, ich glaube, es war während eines einsamen Spaziergangs irgendwo im Grunewald, der schlichte Gedanke, daß ich nie wieder Tertianer sein würde. Das war nun also vorbei, endgültig vorbei. Na und?

Bedauert habe ich diese Tatsache nicht im geringsten, im Gegenteil, ich war darüber, wie jeder andere Schüler, froh und glücklich. Es ging sichtlich voran. Aber mit einem Mal kam mir ein Wort in den Sinn, das bis dahin nicht zur Sprache meines Alltags gehörte: das Wort »Vergänglichkeit«. Ich kannte es vom Titel eines Gedichts von Hofmannsthal, das ich einige Monate zuvor gelesen und das mich, ich wußte damals nicht warum, entzückt und ergriffen hatte. Jetzt, als Untersekundaner, begriff ich plötzlich, was Hofmannsthal meinte, als er in diesen »Terzinen über die Vergänglichkeit« sagte, »daß alles gleitet und vorüberrinnt«.

Ich wurde unsicher und ratlos, ich fürchtete mich, und da war wohl auch noch Angst und ein Anflug von jugendlicher Schwermut. Ich spürte dies von Jahr zu Jahr deutlicher, zumal es für mich besonders schwere Zeiten waren. In Deutschland hingen beinahe überall und beinahe immer Hakenkreuzfahnen, und ich gehörte zu den Ausgestoßenen, den Verfemten. Mit Arbeit und Musik und, vor allem, mit viel Literatur ließen sich diese düsteren Anwandlungen wenn auch nicht ganz überwinden, so immerhin verdrängen. Auch hier kam der Poesie eine wichtige Rolle zu.

Ich las, wahrscheinlich mehr oder weniger wahllos, Verse von Goethe und Schiller, von Eichendorff und Heine, von Storm und Rilke und noch von anderen Autoren. Später fiel mir ein Lesebuch in die Hände, es hieß übrigens »Deutsches Erbe«, in dem ich Gedichte von Poeten aus einer viel früheren Epoche fand – unter anderem von Andreas Gryphius und von Christian Hofmann von Hofmannswaldau.

Sie alle, ob sie nun wie Rilke beinahe Zeitgenossen waren oder wie Gryphius und Hofmannswaldau vor Jahrhunderten gelebt hatten, verhalfen mir zu einer Entdeckung. Getroffen, wenn nicht aufgeschreckt hatte mich in den Versen dieser Dichter das immer wieder ausgedrückte Ineinander und Miteinander von zwei Themen: Liebe und eben Vergänglichkeit.

Noch war mir nicht aufgegangen, daß es sich hier zwar um zwei verschiedene Urerlebnisse handelt, daß sie sich aber keineswegs säuberlich voneinander trennen lassen. Noch war mir nicht bewußt, daß man zwar über die Vergänglichkeit schreiben kann, ohne auf die Liebe einzugehen, aber nicht über die Liebe, ohne zugleich über die Vergänglichkeit zu sprechen, genauer: zu klagen.

Wir seien dazu da, »das Vergängliche unvergänglich zu machen«, so heißt es, knapp und sehr entschieden, in Goethes »Maximen und Reflexionen«. Auf wen zielte Goethe hier ab, wen meinte er mit dem Wort »wir«? Etwa auf die Dichter? Man muß es zugeben: Horaz, der vor zwei Jahrtausenden stolz erklärte, er habe mit seinen Oden ein Denkmal errichtet, dauerhafter als Erz – geirrt hat er sich nicht. Gedichte, sprachliche Gebilde, geschaffen aus dem flüchtigsten Material, aus Worten, können die ununterbrochen vergehende Zeit besser überstehen als die prächtigsten Tempel und Paläste.

Der Poesie ist es gegeben, Empfindungen und Stimmungen zu benennen und festzuhalten. Und indem sie seelische Vorgänge ausdrückt, wirkt sie zugleich seelisch befreiend. Doch können wir von den Poeten nicht erfahren, was die Welt im Innersten zusammenhält. Belehrung und Aufklärung mag man bei den Philosophen oder den Naturwissenschaftlern suchen, für Trost und Zuspruch sind die Theologen oder die Psychoanalytiker zuständig, wenn nicht die Psychiater. Gewiß, man kann dies alles, wenn man es darauf anlegt, nicht selten auch der Poesie abgewinnen. Doch haben die Dichter anderes zu bieten. Um es mit einem einzigen Wort zusammenzufassen: ihre Leiden. Von ihnen sprechend, sprechen sie von unser aller Leiden.

Wir verdanken den Poeten überdies, wonach wir uns alle sehnen: Schönheit. Allein durch ihre Existenz kommt die Lyrik unserem Abscheu vor dem Chaotischen entgegen. Oder dürfen wir gar sagen, unserem Bedürfnis nach Ordnung? Dies jedenfalls ist sicher: Wer dichtet, der widersetzt sich der Willkür und dem Chaos. Dichten heißt ordnen. Selbst wenn sie den Untergang verkündet, wenn sie dem Tod huldigt, wenn sie den Zerfall besingt – dementiert die Dichtung, ob sie es will oder nicht, den Untergang, den Tod, den Zerfall. Die Poesie ist, indem sie sich der Vergänglichkeit widersetzt, stets auch Lebensbejahung.

Unsere Welt verändern kann der Poet nicht. Aber er kann sie reicher und reizvoller machen. Also auf diese Weise vielleicht doch, zumindest ein wenig verändern? Mozart und Schubert hatten auf den Lauf der Dinge keinen Einfluß, nicht den geringsten. Indem sie jedoch zur vorhandenen Welt ihr Werk hinzufügten, wurde die Welt eine andere: Sie wurde nicht nur erträglicher, sie wurde berückender und berauschender. Darf man dies auch für die Kunst in der Nachbarschaft der Musik, für die Poesie in Anspruch nehmen? Sie vermag, immerhin, das Individuum aus seiner Gleichgültigkeit zu reißen und sogar aus den herkömmlichen Denkbahnen. Sie kann bewirken, daß der Mensch zum Augenblicke sagt: »Verweile doch, du bist so schön.« Sie kann ihm Glück bereiten.

In den schwersten Monaten und Jahren, die ich zu erleiden hatte, damals, als ich täglich mit dem Tod, mit meiner Ermordung rechnen mußte, habe ich bisweilen Verse gelesen. Was habe ich mir denn, frage ich mich jetzt, von dieser Lektüre versprochen? Etwa Trost und Zuspruch? Oder, eher Ablenkung, eher Vergnügen und Genuß für wenige Minuten? Ja, aber wahrscheinlich noch etwas: Man könnte es einen Zuwachs an Kraft nennen, Kraft, um dem Schrecklichen widerstehen zu können.

Vielleicht wäre damit auch unsere schwierige Frage beantwortet – jene, wozu wir immer noch, wozu wir heute das Gedicht brauchen. So ist die Poesie ein Spiel, das uns beschützt, das uns in ungewöhnlichen Situationen vielleich sogar retten kann, auch heute, sogar heute.

Als ein Spiel habe ich auch die Aufgabe betrachtet, *meine* Gedichte zusammenzustellen, solche also, die mir im Laufe meines Lebens gefallen haben, die mich oft zu begeistern imstande waren. Aber ich wollte mich nicht auf meine früheren Eindrücke und Urteile verlassen. Ich habe alles überprüft und in die endgültige Auswahl nur jene Verse aufgenommen, die mich nach wie vor erregen und beglücken oder für die ich zumindest *eine Schwäche* habe.

Der Arbeit an diesem Buch verdanke ich viel Freude. Ich habe es für mich selber gemacht und doch in der Hoffnung, fast in der Zuversicht, daß ich auch den Lesern zur Freude verhelfe – und vielleicht hier und da sogar zu Augenblicken des Glücks.

Marcel Reich-Ranicki

DIE BESTEN
DEUTSCHEN GEDICHTE

UNBEKANNTER DICHTER

Du bist mîn

Du bist mîn, ich bin dîn,
des solt du gewis sîn.
du bist beslozzen
in mînem herzen,
verlorn ist daz sluzzelîn –
du muost ouch immêr darinne sîn.

DER VON KÜRENBERG

Ich zôch mir einen valken

Ich zôch mir einen valken   mêre danne ein jâr.
dô ich in gezamete,   als ich in wolte hân,
und ich im sîn gevidere   mit golde wol bewant,
er huop sich ûf vil hôhe   und flouc in anderiu lant.

Sît sach ich den valken   schône fliegen.
er fuorte an sînem fuoze   sîdîne riemen,
und was im sîn gevidere   alrôt guldîn.
got sende sî zesamene,   die geliep wellen gerne sîn.

WALTHER VON DER VOGELWEIDE

Under der linden

Under der linden
an der heide,
dâ unser zweier bette was,
dâ mugent ir vinden
schône beide
gebrochen bluomen unde gras.
vor dem walde in einem tal,
    tandaradei,
schône sanc diu nahtegal.

Ich kam gegangen
zuo der ouwe,
dô was mîn friedel komen ê.
dâ wart ich enpfangen,
hêre frowe,
daz ich bin sælic iemer mê.
er kuste mich wol tûsent stunt,
    tandaradei,
seht wie rôt mir ist der munt.

Dô hat er gemachet
alsô rîche
von bluomen eine bettestat.
des wirt noch gelachet
inneclîche,
kumt iemen an daz selbe pfat.
bî den rôsen er wol mac,
    tandaradei,
merken wâ mirz houbet lac.

    Daz er bî mir læge,
wessez iemen –
nu enwelle got! –, sô schamt ich mich.
wes er mit mir pflæge,
niemer niemen
bevinde daz, wan er und ich
und ein kleinez vogellîn.
    tandaradei,
daz mac wol getriuwe sîn.

Owê war sint verswunden

Owê war sint verswunden   alle mîne jâr,
ist mîn leben mir getroumet,   oder ist ez wâr?
daz ich ie wânde daz iht wære,   was daz iht?
dar nâch hân ich geslâfen   und enweiz es niht.
nu bin ich erwachet   und ist mir unbekant
daz mir hie vor was kündic   als min ander hant.
liute unde lant, dar ich   von kinde bin erzogen,
die sint mir frömde worden   reht als ob ez sî gelogen.
die mîne gespiln wâren,   die sint træge unde alt.
bereitet ist daz velt,   verhouwen ist der walt,
wan daz daz wazzer fliuzet   als ez wîlent vlôz,
für wâr ich wânde   mîn ungelücke wurde grôz.
mich grüezet maniger trâge,   der mich bekande ê wol.
diu welt ist allenthalben   ungnâden vol.
als ich gedenke an manigen   wunneclîchen tac,
die mir sint enphallen   als in daz mer ein slac,
iemer mêre ouwê.

Owê wie jæmerlîche   junge liute tuont,
den ê vil hovelîche   ir gemüete stuont!
die kunnen niuwan sorgen.   ouwê wie tuont si sô?
swar ich zer werlte kêre,   dâ ist nieman vrô:

tanzen, singen   zergât mit sorgen gar.
nie kristenman gesach   so jæmerlîche jar.
nu merkent wie den frouwen   ir gebende stât!
die stolzen ritter tragent   dörpellîche wât.
uns sint unsenfte brieve   her von Rôme komen,
uns ist erloubet trûren   und fröide gar benomen.
daz müet mich inneclîchen sêre   (wir lebten ie vil wol),
daz ich nu für mîn lachen   weinen kiesen sol.
die wilden vogel   betrüebet unser klage;
waz wunders ist   ob ich dâ von verzage?
waz spriche ich tumber man   durch mînen bœsen zorn?
swer dirre wunne volget,   der hât jene dort verlorn,
iemer mêr ouwê.

Owê wie uns mit süezen   dingen ist vergeben!
ich sihe die bittern gallen mitten   in dem honige sweben:
diu Welt ist ûzen schœne,   wîz grüen unde rôt,
und innân swarzer varwe,   vinster sam der tôt.
swen si nu verleitet habe,   der schouwe sînen trôst:
er wirt mit swacher buoze   grôzer sünde erlôst.
dar an gedenkent, ritter,   ez ist iuwer dinc!
ir tragent die liehten helme   und manigen herten rinc,
dar zuo die vesten schilte   und die gewîhten swert.
wolte got, wær ich   der sigenünfte wert!
sô wolte ich nôtic man   verdienen rîchen solt.
joch meine ich niht die huoben   noch der hêrren golt.
ich wolte selbe krône   êweclîchen tragen;
die mohte ein soldener   mit sîme sper bejagen.
möhte ich die lieben reise   gewarn über sê,
sô wolte ich denne singen   wol unde niemer mêr ouwê.

UNBEKANNTER DICHTER

Verschneiter Weg

Es ist ein Schnee gefallen
Und ist es doch nit Zeit,
Man wirft mich mit den Ballen,
Der Weg ist mir verschneit.

Mein Haus hat keinen Giebel,
Es ist mir worden alt,
Zerbrochen sind die Riegel,
Mein Stüblein ist mir kalt.

Ach Lieb, laß dich's erbarmen
Daß ich so elend bin,
Und schleuß mich in dein Arme!
So fährt der Winter hin.

Nach einer Handschrift
von 1467

UNBEKANNTER DICHTER

Erntelied

Es ist ein Schnitter, der heißt Tod,
Hat Gewalt vom höchsten Gott;
  Heut wetzt er das Messer
  Es schneidt schon viel besser,
    Bald wird er drein schneiden,
    Wir müssen's nur leiden.
      Hüte dich, schöns Blümelein!

Was heut noch grün und frisch da steht,
Wird morgen schon hinweggemäht;
  Die edlen Narzissen,
  Die Zierden der Wiesen,
    Die schön Hyazinthen,
    Die türkischen Binden.
      Hüte dich, schöns Blümelein!

Viel hunderttausend ungezählt.
Was nur unter die Sichel fällt,
  Ihr Rosen, ihr Lilien,
  Euch wird er austilgen.
    Auch die Kaiserkronen,
    Wird er nicht verschonen.
      Hüte dich, schöns Blümelein!

Das himmelfarbe Ehrenpreis,
Die Tulipanen gelb und weiß,
  Die silbernen Glocken,
  Die goldenen Flocken,
    Sinkt alles zur Erden
    Was wird daraus werden?
      Hüte dich, schöns Blümelein!

Ihr hübsch Lavendel, Rosmarein,
Ihr vielfärbige Röselein,
  Ihr stolze Schwertlilien,
  Ihr krause Basilien,
    Ihr zarte Violen,
    Man wird euch bald holen.
      Hüte dich, schöns Blümelein!

Trotz! Tod, komm her, ich fürcht dich nit
Trotz, eil daher in einem Schnitt.
  Werd ich nur verletzet,
  So werd ich versetzet
    In den himmlischen Garten,
    Auf den alle wir warten.
      Freu dich, du schöns Blümelein!

PAUL FLEMING

Zur Zeit seiner Verstoßung

Ein Kaufmann, der sein Gut nur einem Schiffe traut,
Ist hochgefährlich dran, indem es bald kann kommen,
Daß ihm auf einen Stoß sein ganzes wird genommen.
Der fehlt, der allzuviel auf ein Gelücke traut.

Gedenk ich nun an mich, so schauret mir die Haut:
Mein Schiff, das ist entzwei, mein Gut ist weggeschwommen.
Nichts mehr, das ist mein Rest; das machet kurze Summen.
Ich habe Müh und Angst, ein andrer meine Braut.

Ich Unglückseliger! mein Herze wird zerrissen,
Mein Sinn ist ohne sich; mein Geist zeucht von mir aus.
Mein Alles wird nun Nichts. Was wird doch endlich draus?
Wär eins doch übrig noch, so wollt ich alles missen.
Mein teuerster Verlust, der bin selbselbsten ich.
Nun bin ich ohne sie; nun bin ich ohne mich.

ANDREAS GRYPHIUS

Tränen des Vaterlandes

Anno 1636

Wir sind doch nunmehr ganz, ja mehr denn ganz verheeret!
Der frechen Völker Schar, die rasende Posaun,
Das vom Blut fette Schwert, die donnernde Kartaun
Hat aller Schweiß und Fleiß und Vorrat aufgezehret.

Die Türme stehn in Glut, die Kirch ist umgekehret,
Das Rathaus liegt im Graus, die Starken sind zerhaun,
Die Jungfraun sind geschänd't, und wo wir hin nur schaun,
Ist Feuer, Pest und Tod, der Herz und Geist durchfähret.

Hier durch die Schanz und Stadt rinnt allzeit frisches Blut.
Dreimal sind schon sechs Jahr, als unser Ströme Flut
Von Leichen fast verstopft, sich langsam fort gedrungen.

Doch schweig ich noch von dem, was ärger als der Tod,
Was grimmer denn die Pest und Glut und Hungersnot,
Daß auch der Seelenschatz so vielen abgezwungen.

Vanitas Vanitatum, et omnia Vanitas

Es ist alles ganz eitel. Eccl. 1. v. 2

Ich seh', wohin ich seh, nur Eitelkeit auf Erden,
Was dieser heute baut, reißt jener morgen ein,
Wo itzt die Städte stehn so herrlich, hoch und fein,
Da wird in kurzem gehn ein Hirt mit seinen Herden:
Was itzt so prächtig blüht, wird bald zutreten werden:

Der itzt so pocht und trotzt, läßt übrigt Asch und Bein,
Nichts ist, das auf der Welt könnt unvergänglich sein,
Itzt scheint des Glückes Sonn, bald donnerts mit Beschwerden.
Der Taten Herrlichkeit muß wie ein Traum vergehn:
Sollt denn die Wasserblas, der leichte Mensch bestehn
Ach! was ist alles dies, was wir vor köstlich achten!
Als schlechte Nichtigkeit? als Heu, Staub, Asch und Wind?
Als eine Wiesenblum, die man nicht wiederfind.
Noch will, was ewig ist, kein einig Mensch betrachten!

CHRISTIAN HOFMANN
VON HOFMANNSWALDAU

Auf den Mund

Mund! der die Seelen kann durch Lust zusammen hetzen,
Mund! der viel süßer ist als starker Himmelswein,
Mund! der du Alikant des Lebens schenkest ein,
Mund! den ich vorziehn muß der Inden reichen Schätzen,
Mund! dessen Balsam uns kann stärken und verletzen,
Mund! der vergnügter blüht als aller Rosen Schein,
Mund! welchem kein Rubin kann gleich und ähnlich sein,
Mund! den die Gratien mit ihren Quellen netzen;
Mund! ach Korallenmund, mein einziges Ergetzen!
Mund! laß mich einen Kuß auf deinen Purpur setzen.

Vergänglichkeit der Schönheit

Es wird der bleiche Tod mit seiner kalten Hand
Dir endlich mit der Zeit um deine Brüste streichen,
Der liebliche Korall der Lippen wird verbleichen,
Der Schultern warmer Schnee wird werden kalter Sand;

Der Augen süßer Blitz, die Kräfte deiner Hand,
Für welchen solches fällt, die werden zeitlich weichen.
Das Haar, das itzund kann des Goldes Glanz erreichen,
Tilgt endlich Tag und Jahr als ein gemeines Band.

Der wohlgesetzte Fuß, die lieblichen Gebärden,
Die werden teils zu Staub, teils nichts und nichtig werden,
Denn opfert keiner mehr der Gottheit deiner Pracht.

Dies und noch mehr als dies muß endlich untergehen.
Dein Herze kann allein zu aller Zeit bestehen,
Dieweil es die Natur aus Diamant gemacht.

Wo *sind die Stunden*

Wo sind die Stunden
Der süßen Zeit,
Da ich zuerst empfunden,
Wie deine Lieblichkeit
Mich dir verbunden?
Sie sind verrauscht. Es bleibet doch dabei,
Daß alle Lust vergänglich sei.

Das reine Scherzen,
So mich ergetzt
Und in dem tiefen Herzen
Sein Merkmal eingesetzt,
Läßt mich in Schmerzen,
Du hast mir mehr als deutlich kund getan,
Daß Freundlichkeit nicht ankern kann.

Das Angedenken
Der Zuckerlust
Will mich in Angst versenken.
Es will verdammte Kost
Uns zeitlich kränken.
Was man geschmeckt und nicht mehr schmecken soll,
Ist freudenleer und jammervoll.

Empfangne Küsse,
Ambrierter Saft,
Verbleibt nicht lange süße
Und kommt von aller Kraft;

Verrauschte Flüsse
Erquicken nicht. Was unsern Geist erfreut,
Entspringt aus Gegenwärtigkeit.

Ich schwamm in Freude,
Der Liebe Hand
Spann mir ein Kleid von Seide;
Das Blatt hat sich gewandt,
Ich geh im Leide,
Ich wein itzund, daß Lieb und Sonnenschein
Stets voller Angst und Wolken sein.

UNBEKANNTER DICHTER

Willst du dein Herz mit schenken

Willst du dein Herz mir schenken,
So fang es heimlich an,
Daß unser beider Denken
Niemand erraten kann.
Die Liebe muß uns beiden
Allzeit verschwiegen sein,
Drum schließ die größten Freuden
Im innern Herzen ein.

Behutsam sei und schweige
Und traue keiner Wand,
Lieb innerlich und zeige
Dich außen unbekannt.
Kein Argwohn mußt du geben,
Verstellung nötig ist,
Genug, daß du, mein Leben,
Der Treu versichert bist.

Begehre keine Blicke
Von meiner Liebe nicht.
Der Neid hat viele Tücke
Auf unsern Bund gericht!
Du mußt die Brust verschließen,
Halt deine Neigung ein,
Die Lust, die wir genießen,
Muß ein Geheimnis sein.

Zu frei sein, sich ergehen,
Hat oft Gefahr gebracht.
Man muß sich wohl verstehen,

Weil ein falsch Auge wacht.
Du mußt den Spruch bedenken,
Den ich vorher getan:
Willst du dein Herz mir schenken,
So fang es heimlich an.

FRIEDRICH GOTTLIEB KLOPSTOCK

Das Rosenband

Im Frühlingsschatten fand ich Sie;
Da band ich Sie mit Rosenbändern:
Sie fühlt' es nicht, und schlummerte.

Ich sah Sie an; mein Leben hing
Mit diesem Blick' an Ihrem Leben:
Ich fühlt' es wohl, und wußt' es nicht.

Doch lispelt' ich Ihr sprachlos zu,
Und rauschte mit den Rosenbändern:
Da wachte Sie vom Schlummer auf.

Sie sah mich an; Ihr Leben hing
Mit diesem Blick' an meinem Leben,
Und um uns ward's Elysium.

GOTTHOLD EPHRAIM LESSING

Lied aus dem Spanischen

Gestern liebt ich,
Heute leid ich,
Morgen sterb ich:
Dennoch denk ich
Heut und morgen
Gern an gestern.

MATTHIAS CLAUDIUS

Kriegslied

's ist Krieg! 's ist Krieg! O Gottes Engel wehre,
 Und rede du darein!
's ist leider Krieg – und ich begehre
 Nicht schuld daran zu sein!

Was sollt' ich machen, wenn im Schlaf mit Grämen
 Und blutig, bleich und blaß,
Die Geister der Erschlagnen zu mir kämen,
 Und vor mir weinten, was?

Wenn wackre Männer, die sich Ehre suchten,
 Verstümmelt und halb tot
Im Staub sich vor mir wälzten und mir fluchten
 In ihrer Todesnot?

Wenn tausend tausend Väter, Mütter, Bräute,
 So glücklich vor dem Krieg,
Nun alle elend, alle arme Leute,
 Wehklagten über mich?

Wenn Hunger, böse Seuch' und ihre Nöten
 Freund, Freund und Feind ins Grab
Versammleten, und mir zu Ehren krähten
 Von einer Leich' herab?

Was hülf mir Kron' und Land und Gold und Ehre?
 Die könnten mich nicht freun!
's ist leider Krieg – und ich begehre
 Nicht schuld daran zu sein!

Der Tod

Ach, es ist so dunkel in des Todes Kammer,
Tönt so traurig, wenn er sich bewegt
Und nun aufhebt seinen schweren Hammer
Und die Stunde schlägt.

JOHANN WOLFGANG GOETHE

Willkommen und Abschied

Es schlug mein Herz; geschwind zu Pferde!
Es war getan fast eh' gedacht;
Der Abend wiegte schon die Erde,
Und an den Bergen hing die Nacht:
Schon stand im Nebelkleid die Eiche,
Ein aufgetürmter Riese, da,
Wo Finsternis aus dem Gesträuche
Mit hundert schwarzen Augen sah.

Der Mond von einem Wolkenhügel
Sah kläglich aus dem Duft hervor,
Die Winde schwangen leise Flügel,
Umsaus'ten schauerlich mein Ohr;
Die Nacht schuf tausend Ungeheuer;
Doch frisch und fröhlich war mein Mut:
In meinen Adern welches Feuer!
In meinem Herzen welche Glut!

Dich sah ich, und die milde Freude
Floß von dem süßen Blick auf mich;
Ganz war mein Herz an deiner Seite,
Und jeder Atemzug für dich.
Ein rosenfarbnes Frühlingswetter
Umgab das liebliche Gesicht,
Und Zärtlichkeit für mich – Ihr Götter!
Ich hofft' es, ich verdient' es nicht!

Doch ach! schon mit der Morgensonne
Verengt der Abschied mir das Herz:
In deinen Küssen, welche Wonne!

In deinem Auge, welcher Schmerz!
Ich ging, du standst und sahst zur Erden,
Und sahst mir nach mit nassem Blick:
Und doch, welch Glück geliebt zu werden!
Und lieben, Götter, welch ein Glück!

Heidenröslein

Sah ein Knab' ein Röslein stehn,
Röslein auf der Heiden,
War so jung und morgenschön,
Lief er schnell es nah zu sehn,
Sah's mit vielen Freuden.
Röslein, Röslein, Röslein rot,
Röslein auf der Heiden.

Knabe sprach: ich breche dich,
Röslein auf der Heiden!
Röslein sprach: ich steche dich,
Daß du ewig denkst an mich,
Und ich will's nicht leiden.
Röslein, Röslein, Röslein rot,
Röslein auf der Heiden.

Und der wilde Knabe brach
's Röslein auf der Heiden;
Röslein wehrte sich und stach,
Half ihr doch kein Weh und Ach,
Mußt' es eben leiden.
Röslein, Röslein, Röslein rot,
Röslein auf der Heiden.

Das Veilchen

Ein Veilchen auf der Wiese stand,
Gebückt in sich und unbekannt;
Es war ein herzig's Veilchen.
Da kam eine junge Schäferin,
Mit leichtem Schritt und munterm Sinn,
Daher, daher,
Die Wiese her, und sang.

Ach! denkt das Veilchen, wär' ich nur
Die schönste Blume der Natur,
Ach, nur ein kleines Weilchen,
Bis mich das Liebchen abgepflückt,
Und an dem Busen matt gedrückt!
Ach nur, ach nur,
Ein Viertelstündchen lang!

Ach! aber ach! das Mädchen kam
Und nicht in Acht das Veilchen nahm,
Ertrat das arme Veilchen
Es sang und starb und freut sich noch:
Und sterb' ich denn, so sterb' ich doch
Durch sie, durch sie,
Zu ihren Füßen doch.

Prometheus

Bedecke deinen Himmel, Zeus,
Mit Wolkendunst,
Und übe, dem Knaben gleich,
Der Disteln köpft,
An Eichen dich und Bergeshöhn;

Mußt mir meine Erde
Doch lassen stehn,
Und meine Hütte, die du nicht gebaut,
Und meinen Herd,
Um dessen Glut
Du mich beneidest.

Ich kenne nichts Ärmeres
Unter der Sonn', als euch, Götter!
Ihr nähret kümmerlich
Von Opfersteuern
Und Gebetshauch
Eure Majestät,
Und darbtet, wären
Nicht Kinder und Bettler
Hoffnungsvolle Toren.

Da ich ein Kind war,
Nicht wußte wo aus noch ein,
Kehrt' ich mein verirrtes Auge
Zur Sonne, als wenn drüber wär'
Ein Ohr, zu hören meine Klage,
Ein Herz, wie mein's,
Sich des Bedrängten zu erbarmen.

Wer half mir
Wider der Titanen Übermut?
Wer rettete vom Tode mich,
Von Sklaverei?
Hast du nicht Alles selbst vollendet,
Heilig glühend Herz?
Und glühtest jung und gut,
Betrogen, Rettungsdank
Dem Schlafenden da droben?

Ich dich ehren? Wofür?
Hast du die Schmerzen gelindert
Je des Beladenen?
Hast du die Tränen gestillet
Je des Geängsteten?
Hat nicht mich zum Manne geschmiedet
Die allmächtige Zeit
Und das ewige Schicksal,
Meine Herrn und deine?

Wähntest du etwa,
Ich sollte das Leben hassen,
In Wüsten fliehen,
Weil nicht alle
Blütenträume reiften?

Hier sitz' ich, forme Menschen
Nach meinem Bilde,
Ein Geschlecht, das mir gleich sei,
Zu leiden, zu weinen,
Zu genießen und zu freuen sich,
Und dein nicht zu achten,
Wie ich!

Rastlose Liebe

Dem Schnee, dem Regen,
Dem Wind entgegen,
Im Dampf der Klüfte,
Durch Nebeldüfte,
Immer zu! Immer zu!
Ohne Rast und Ruh!

Lieber durch Leiden
Möcht' ich mich schlagen,
Als so viel Freuden
Des Lebens ertragen.
Alle das Neigen
Von Herzen zu Herzen,
Ach wie so eigen
Schaffet das Schmerzen!

Wie soll ich fliehen?
Wälderwärts ziehen?
Alles vergebens!
Krone des Lebens,
Glück ohne Ruh,
Liebe, bist du!

Alle Freuden, die unendlichen

Alles geben die Götter, die unendlichen,
Ihren Lieblingen ganz,
Alle Freuden, die unendlichen,
Alle Schmerzen, die unendlichen, ganz.

An den Mond

Füllest wieder Busch und Tal
Still mit Nebelglanz,
Lösest endlich auch einmal
Meine Seele ganz;

Breitest über mein Gefild
Lindernd deinen Blick,
Wie des Freundes Auge, mild
Über mein Geschick.

Jeden Nachklang fühlt mein Herz
Froh- und trüber Zeit,
Wandle zwischen Freud' und Schmerz
In der Einsamkeit.

Fließe, fließe, lieber Fluß,
Nimmer werd' ich froh,
So verrauschte Scherz und Kuß,
Und die Treue so.

Ich besaß es doch einmal,
Was so köstlich ist!
Daß man doch zu seiner Qual
Nimmer es vergißt!

Rausche, Fluß, das Tal entlang,
Ohne Rast und Ruh,
Rausche, flüstre meinem Sang
Melodien zu!

Wenn du in der Winternacht
Wütend überschwillst
Oder um die Frühlingspracht
Junger Knospen quillst.

Selig, wer sich vor der Welt
Ohne Haß verschließt,
Einen Freund am Busen hält
Und mit dem genießt,

Was von Menschen nicht gewußt,
Oder nicht bedacht,
Durch das Labyrinth der Brust
Wandelt in der Nacht.

Der Fischer

Das Wasser rauscht', das Wasser schwoll,
Ein Fischer saß daran,
Sah nach dem Angel ruhevoll,
Kühl bis ans Herz hinan.
Und wie er sitzt und wie er lauscht,
Teilt sich die Flut empor;
Aus dem bewegten Wasser rauscht
Ein feuchtes Weib hervor.

Sie sang zu ihm, sie sprach zu ihm:
Was lockst du meine Brut,
Mit Menschenwitz und Menschenlist
Hinauf in Todesglut?
Ach! wüßtest du, wie's Fischlein ist
So wohlig auf dem Grund,
Du stiegst herunter, wie du bist,
Und würdest erst gesund.

Labt sich die liebe Sonne nicht,
Der Mond sich nicht im Meer?
Kehrt wellenatmend ihr Gesicht
Nicht doppelt schöner her?
Lockt dich der tiefe Himmel nicht,
Das feuchtverklärte Blau?
Lockt dich dein eigen Angesicht
Nicht her in ew'gen Tau?

Das Wasser rauscht', das Wasser schwoll,
Netzt' ihm den nackten Fuß;
Sein Herz wuchs ihm so sehnsuchtsvoll,
Wie bei der Liebsten Gruß.
Sie sprach zu ihm, sie sang zu ihm;

Da war's um ihn geschehn:
Halb zog sie ihn, halb sank er hin,
Und ward nicht mehr gesehn.

Grenzen der Menschheit

Wenn der uralte,
Heilige Vater
Mit gelassener Hand
Aus rollenden Wolken
Segnende Blitze
Über die Erde sä't,
Küss' ich den letzten
Saum seines Kleides,
Kindliche Schauer
Treu in der Brust.

Denn mit Göttern
Soll sich nicht messen
Irgend ein Mensch.
Hebt er sich aufwärts,
Und berührt
Mit dem Scheitel die Sterne,
Nirgends haften dann
Die unsichern Sohlen,
Und mit ihm spielen
Wolken und Winde.

Steht er mit festen,
Markigen Knochen
Auf der wohlgegründeten,
Dauernden Erde;
Reicht er nicht auf,
Nur mit der Eiche

Oder der Rebe
Sich zu vergleichen.

Was unterscheidet
Götter von Menschen?
Daß viele Wellen
Vor jenen wandeln,
Ein ewiger Strom:
Uns hebt die Welle,
Verschlingt die Welle,
Und wir versinken.

Ein kleiner Ring
Begrenzt unser Leben,
Und viele Geschlechter
Reihen sich dauernd
An ihres Daseins
Unendliche Kette.

Freudvoll und leidvoll

Freudvoll
und leidvoll,
gedankenvoll sein,
Langen
und bangen
in schwebender Pein,
Himmelhoch jauchzend
zum Tode betrübt,
Glücklich allein
ist die Seele die liebt.

Wandrers Nachtlied

Über allen Gipfeln
Ist Ruh',
In allen Wipfeln
Spürest Du
Kaum einen Hauch;
Die Vögelein schweigen im Walde.
Warte nur! Balde
Ruhest du auch.

Der Sänger

Was hör' ich draußen vor dem Tor,
Was auf der Brücke schallen?
Laß den Gesang vor unserm Ohr
Im Saale wiederhallen!
Der König sprachs, der Page lief;
Der Page kam, der König rief:
Laßt mir herein den Alten!

Gegrüßet seid mir, edle Herrn,
Gegrüßt ihr, schöne Damen!
Welch reicher Himmel! Stern bei Stern!
Wer kennet ihre Namen?
Im Saal voll Pracht und Herrlichkeit
Schließt, Augen, euch; hier ist nicht Zeit,
Sich staunend zu ergetzen.

Der Sänger drückt' die Augen ein,
Und schlug in vollen Tönen;
Die Ritter schauten mutig drein,
Und in den Schoß die Schönen.

Der König, dem es wohlgefiel,
Ließ, ihn zu ehren für sein Spiel,
Eine goldne Kette holen.

Die goldne Kette gib mir nicht!
Die Kette gib den Rittern,
Vor deren kühnem Angesicht
Der Feinde Lanzen splittern;
Gib sie dem Kanzler, den du hast,
Und laß ihn noch die goldne Last
Zu andern Lasten tragen.

Ich singe, wie der Vogel singt,
Der in den Zweigen wohnet;
Das Lied, das aus der Kehle dringt,
Ist Lohn, der reichlich lohnet.
Doch darf ich bitten, bitt' ich eins:
Laß mir den besten Becher Weins
In purem Golde reichen.

Er setzt' ihn an, er trank ihn aus:
O, Trank voll süßer Labe!
O, wohl dem hochbeglückten Haus,
Wo das ist kleine Gabe!
Ergeht's euch wohl, so denkt an mich,
Und danket Gott so warm, als ich
Für diesen Trunk euch danke.

Harfenspieler

Wer nie sein Brot mit Tränen aß,
Wer nie die kummervollen Nächte
Auf seinem Bette weinend saß,
Der kennt euch nicht, ihr himmlischen Mächte!

Ihr führt ins Leben uns hinein,
Ihr laßt den Armen schuldig werden,
Dann überlaßt ihr ihn der Pein:
Denn alle Schuld rächt sich auf Erden.

Mignon

Kennst du das Land? wo die Citronen blühn,
Im dunkeln Laub die Gold-Orangen glühn,
Ein sanfter Wind vom blauen Himmel weht,
Die Myrthe still und hoch der Lorbeer steht,
Kennst du es wohl?
    Dahin! Dahin
Möcht' ich mit dir, o mein Geliebter, ziehn.

Kennst du das Haus? Auf Säulen ruht sein Dach,
Es glänzt der Saal, es schimmert das Gemach,
Und Marmorbilder stehn und sehn mich an:
Was hat man dir, du armes Kind, getan?
Kennst du es wohl?
    Dahin! Dahin
Möcht' ich mit dir, o mein Beschützer, ziehn.

Kennst du den Berg, und seinen Wolkensteg?
Das Maultier sucht im Nebel seinen Weg;
In Höhlen wohnt der Drachen alte Brut;
Es stürzt der Fels und über ihn die Flut.
Kennst du ihn wohl?
    Dahin! Dahin
Geht unser Weg! o Vater, laß uns ziehn!

Mignon

Nur, wer die Sehnsucht kennt,
Weiß, was ich leide!
Allein und abgetrennt
Von aller Freude,
Seh ich ans Firmament
Nach jener Seite.
Ach, der mich liebt und kennt;
Ist in der Weite.
Es schwindelt mir, es brennt
Mein Eingeweide.
Nur, wer die Sehnsucht kennt,
Weiß, was ich leide!

Nähe des Geliebten

Ich denke dein, wenn mir der Sonne Schimmer
　　Vom Meere strahlt;
Ich denke dein, wenn sich des Mondes Flimmer
　　In Quellen malt.

Ich sehe dich, wenn auf dem fernen Wege
　　Der Staub sich hebt;
In tiefer Nacht, wenn auf dem schmalen Stege
　　Der Wandrer bebt.

Ich höre dich, wenn dort mit dumpfem Rauschen
　　Die Welle steigt.
Im stillen Haine geh' ich oft zu lauschen,
　　Wenn alles schweigt.

Ich bin bei dir; du seist auch noch so ferne,
Du bist mir nah!
Die Sonne sinkt; bald leuchten mir die Sterne.
O, wärst du da!

Zum Sehen geboren,
zum Schauen bestellt

Zum Sehen geboren,
Zum Schauen bestellt,
Dem Turme geschworen
Gefällt mir die Welt.
Ich blick in die Ferne,
Ich seh in der Näh,
Den Mond und die Sterne,
Den Wald und das Reh.
So seh ich in allen
Die ewige Zier
Und wie mir's gefallen
Gefall ich auch mir.
Ihr glücklichen Augen,
Was je ihr gesehn,
Es sei wie es wolle,
Es war doch so schön!

Gefunden

Ich ging im Walde
So für mich hin,
Und nichts zu suchen
Das war mein Sinn.

Im Schatten sah' ich
Ein Blümchen stehn,
Wie Sterne leuchtend,
Wie Äuglein schön.

Ich wollt' es brechen;
Da sagt' es fein:
Soll ich zum Welken
Gebrochen sein?

Ich grub's mit allen
Den Würzlein aus,
Zum Garten trug ich's
Am hübschen Haus.

Und pflanzt es wieder
Am stillen Ort;
Nun zweigt es immer
Und blüht so fort.

Dämmrung senkte sich von oben

Dämmrung senkte sich von oben,
Schon ist alle Nähe fern;
Doch zuerst emporgehoben
Holden Lichts der Abendstern!
Alles schwankt in's Ungewisse
Nebel schleichen in die Höh;
Schwarzvertiefte Finsternisse
Wiederspiegelnd ruht der See.

Nun im östlichen Bereiche
Ahnd' ich Mondenglanz und Glut,
Schlanker Weiden Haargezweige
Scherzen auf der nächsten Flut.
Durch bewegter Schatten Spiele
Zittert Luna's Zauberschein,
Und durch's Auge schleicht die Kühle
Sänftigend in's Herz hinein.

Alles Vergängliche

Alles Vergängliche
Ist nur ein Gleichnis;
Das Unzulängliche
Hier wird's Ereignis;
Das Unbeschreibliche
Hier ist es getan;
Das Ewig-Weibliche
Zieht uns hinan.

FRIEDRICH SCHILLER

Die Teilung der Erde

»Nehmt hin die Welt!« rief Zeus von seinen Höhen
  Den Menschen zu, »nehmt, sie soll euer sein.
Euch schenk ich sie zum Erb und ew'gen Lehen;
  Doch teilt euch brüderlich darein.«

Da eilt, was Hände hat, sich einzurichten,
  Es regte sich geschäftig jung und alt.
Der Ackermann griff nach des Feldes Früchten,
  Der Junker pirschte durch den Wald.

Der Kaufmann nimmt, was seine Speicher fassen,
  Der Abt wählt sich den edeln Firnewein,
Der König sperrt die Brücken und die Straßen,
  Und sprach: »Der Zehente ist mein.«

Ganz spät, nachdem die Teilung längst geschehen,
  Naht der Poet, er kam aus weiter Fern.
Ach! da war überall nichts mehr zu sehen,
  Und alles hatte seinen Herrn!

»Weh mir! So soll denn ich allein von allen
  Vergessen sein, ich, dein getreuster Sohn?«
So ließ er laut der Klage Ruf erschallen,
  Und warf sich hin vor Jovis Thron.

»Wenn du im Land der Träume dich verweilet«,
  Versetzt der Gott, »so hadre nicht mit mir.
Wo warst du denn, als man die Welt geteilet?«
  »Ich war«, sprach der Poet, »bei dir.

Mein Auge hing an deinem Angesichte,
    An deines Himmels Harmonie mein Ohr,
Verzeih dem Geiste, der, von deinem Lichte
    Berauscht, das Irdische verlor!«

»Was tun!« spricht Zeus, »die Welt ist weggegeben,
    Der Herbst, die Jagd, der Markt ist nicht mehr mein.
Willst du in meinem Himmel mit mir leben,
    So oft du kommst, er soll dir offen sein.«

Die Kraniche des Ibykus

Zum Kampf der Wagen und Gesänge,
Der auf Korinthus' Landesenge
Der Griechen Stämme froh vereint,
Zog Ibykus, der Götterfreund.
Ihm schenkte des Gesanges Gabe,
Der Lieder süßen Mund Apoll,
So wandert er, an leichtem Stabe,
Aus Rhegium, des Gottes voll.

Schon winkt auf hohem Bergesrücken
Akrokorinth des Wandrers Blicken,
Und in Poseidons Fichtenhain
Tritt er mit frommem Schauder ein.
Nichts regt sich um ihn her, nur Schwärme
Von Kranichen begleiten ihn,
Die fernhin nach des Südens Wärme
In graulichtem Geschwader ziehn.

»Seid mir gegrüßt, befreundte Scharen!
Die mir zur See Begleiter waren.
Zum guten Zeichen nehm ich euch,
Mein Los, es ist dem euren gleich.

Von fernher kommen wir gezogen,
Und flehen um ein wirtlich Dach.
Sei uns der Gastliche gewogen,
Der von dem Fremdling wehrt die Schmach!«

Und munter fördert er die Schritte,
Und sieht sich in des Waldes Mitte,
Da sperren, auf gedrangem Steg,
Zwei Mörder plötzlich seinen Weg.
Zum Kampfe muß er sich bereiten,
Doch bald ermattet sinkt die Hand,
Sie hat der Leier zarte Saiten,
Doch nie des Bogens Kraft gespannt.

Er ruft die Menschen an, die Götter,
Sein Flehen dringt zu keinem Retter,
Wie weit er auch die Stimme schickt,
Nichts Lebendes wird hier erblickt.
»So muß ich hier verlassen sterben,
Auf fremdem Boden, unbeweint,
Durch böser Buben Hand verderben,
Wo auch kein Rächer mir erscheint!«

Und schwer getroffen sinkt er nieder,
Da rauscht der Kraniche Gefieder,
Er hört, schon kann er nicht mehr sehn,
Die nahen Stimmen furchtbar krähn.
»Von euch, ihr Kraniche dort oben!
Wenn keine andre Stimme spricht,
Sei meines Mordes Klag erhoben!«
Er ruft es, und sein Auge bricht.

Der nackte Leichnam wird gefunden,
Und bald, obgleich entstellt von Wunden,
Erkennt der Gastfreund in Korinth

Die Züge, die ihm teuer sind.
»Und muß ich so dich wiederfinden,
Und hoffte mit der Fichte Kranz
Des Sängers Schläfe zu umwinden,
Bestrahlt von seines Ruhmes Glanz!«

Und jammernd hören's alle Gäste,
Versammelt bei Neptunus' Feste,
Ganz Griechenland ergreift der Schmerz,
Verloren hat ihn jedes Herz,
Und stürmend drängt sich zum Prytanen
Das Volk, es fordert seine Wut,
Zu rächen des Erschlagnen Manen,
Zu sühnen mit des Mörders Blut.

Doch wo die Spur, die aus der Menge,
Der Völker flutendem Gedränge,
Gelocket von der Spiele Pracht,
Den schwarzen Täter kenntlich macht?
Sind's Räuber, die ihn feig erschlagen?
Tat's neidisch ein verborgner Feind?
Nur Helios vermag's zu sagen,
Der alles Irdische bescheint!

Er geht vielleicht, mit frechem Schritte,
Jetzt eben durch der Griechen Mitte,
Und während ihn die Rache sucht,
Genießt er seines Frevels Frucht.
Auf ihres eignen Tempels Schwelle
Trotzt er vielleicht den Göttern, mengt
Sich dreist in jene Menschenwelle,
Die dort sich zum *Theater* drängt.

Denn Bank an Bank gedränget sitzen,
Es brechen fast der Bühne Stützen,

Herbeigeströmt von fern und nah,
Der Griechen Völker wartend da,
Dumpfbrausend wie des Meeres Wogen,
Von Menschen wimmelnd wächst der Bau,
In weiter stets geschweiftem Bogen
Hinauf bis in des Himmels Blau.

Wer zählt die Völker, nennt die Namen,
Die gastlich hier zusammenkamen?
Von Theseus' Stadt, von Aulis' Strand,
Von Phokis, vom Spartanerland,
Von Asiens entlegner Küste,
Von allen Inseln kamen sie,
Und horchen von dem Schaugerüste
Des *Chores* grauser Melodie –

Der streng und ernst, nach alter Sitte,
Mit langsam abgemeßnem Schritte,
Hervortritt aus dem Hintergrund,
Umwandelnd des Theaters Rund.
So schreiten keine ird'schen Weiber,
Die zeugte kein sterblich Haus!
Es steigt das Riesenmaß der Leiber
Hoch über menschliches hinaus.

Ein schwarzer Mantel schlägt die Lenden,
Sie schwingen in entfleischten Händen
Der Fackel düsterrote Glut,
In ihren Wangen fließt kein Blut.
Und wo die Haare lieblich flattern,
Um Menschenstirnen freundlich wehn,
Da sieht man Schlangen hier und Nattern
Die giftgeschwollnen Bäuche blähn.

Und schauerlich gedreht im Kreise,
Beginnen sie des *Hymnus* Weise,
Der durch das Herz zerreißend dringt,
Die Bande um den Sünder schlingt.
Besinnungraubend, herzbetörend
Schallt der Erinnyen Gesang,
Er schallt, die Hörers Mark verzehrend,
und duldet nicht der Leier Klang.

»Wohl dem, der frei von Schuld und Fehle
Bewahrt die kindlich reine Seele!
Ihm dürfen wir nicht rächend nahn,
Er wandelt frei des Lebens Bahn.
Doch wehe, wehe, der verstohlen
Des Mordes schwere Tat vollbracht,
Wir heften uns an seine Sohlen,
Das furchtbare Geschlecht der Nacht!

Und glaubt er fliehend zu entspringen,
Geflügelt sind wir da, die Schlingen
Ihm werfend um den flücht'gen Fuß,
Daß er zu Boden fallen muß.
So jagen wir ihn, ohn Ermatten,
Versöhnen kann uns keine Reu,
Ihn fort und fort bis zu den Schatten,
Und geben ihn auch dort nicht frei.«

So singend tanzen sie den Reigen,
Und Stille wie des Todes Schweigen
Liegt überm ganzen Hause schwer,
Als ob die Gottheit nahe wär.
Und feierlich, nach alter Sitte
Umwandelnd des Theaters Rund,
Mit langsam abgemeßnem Schritte,
Verschwinden sie im Hintergrund.

Und zwischen Trug und Wahrheit schwebet
Noch zweifelnd jede Brust und bebet,
Und huldiget der furchtbarn Macht,
Die richtend im Verborgnen wacht,
Die unerforschlich, unergründet,
Des Schicksals dunkeln Knäuel flicht,
Dem tiefen Herzen sich verkündet,
Doch fliehet vor dem Sonnenlicht.

Da hört man auf den höchsten Stufen
Auf einmal eine Stimme rufen:
»Sieh da! Sieh da, Timotheus,
Die Kraniche des Ibykus!« –
Und finster plötzlich wird der Himmel,
Und über dem Theater hin
Sieht man, in schwärzlichtem Gewimmel,
Ein Kranichheer vorüberziehn.

»*Des Ibykus!*« Der teure Name
Rührt jede Brust mit neuem Grame,
Und, wie im Meere Well auf Well,
So läuft's von Mund zu Munde schnell:
»Des Ibykus, den wir beweinen,
Den eine Mörderhand erschlug!
Was ist's mit dem? Was kann er meinen?
Was ist's mit diesem Kranichzug?« –

Und lauter immer wird die Frage,
Und ahnend fliegt's, mit Blitzesschlage,
Durch alle Herzen. »Gebet acht!
Das ist der Eumeniden Macht!
Der fromme Dichter wird gerochen,
Der Mörder bietet selbst sich dar.
Ergreift ihn, der das Wort gesprochen,
Und ihn, an den's gerichtet war.«

Doch dem war kaum das Wort entfahren,
Möcht er's im Busen gern bewahren;
Umsonst, der schreckenbleiche Mund
Macht schnell die Schuldbewußten kund.
Man reißt und schleppt sie vor den Richter;
Die Szene wird zum Tribunal,
Und es gestehn die Bösewichter,
Getroffen von der Rache Strahl.

Der Ring des Polykrates

Ballade

Er stand auf seines Daches Zinnen,
Er schaute mit vergnügten Sinnen
Auf das beherrschte Samos hin.
»Dies alles ist mir untertänig«,
Begann er zu Ägyptens König,
»Gestehe, daß ich glücklich bin.«

»Du hast der Götter Gunst erfahren!
Die vormals deinesgleichen waren,
Sie zwingt jetzt deines Zepters Macht.
Doch einer lebt noch, sie zu rächen,
Dich kann mein Mund nicht glücklich sprechen,
Solang des Feindes Auge wacht.«

Und eh der König noch geendet,
Da stellt sich, von Milet gesendet,
Ein Bote dem Tyrannen dar:
»Laß, Herr, des Opfers Düfte steigen,
Und mit des Lorbeers muntern Zweigen
Bekränze dir dein festlich Haar.

Getroffen sank dein Feind vom Speere,
Mich sendet mit der frohen Märe
Dein treuer Feldherr Polydor.«
Und nimmt aus einem schwarzen Becken,
Noch blutig, zu der beiden Schrecken,
Ein wohlbekanntes Haupt hervor.

Der König tritt zurück mit Grauen:
»Doch warn ich dich, dem Glück zu trauen«,
Versetzt er mit besorgtem Blick.
»Bedenk, auf ungetreuen Wellen,
Wie leicht kann sie der Sturm zerschellen,
Schwimmt deiner Flotte zweifelnd Glück.«

Und eh er noch das Wort gesprochen,
Hat ihn der Jubel unterbrochen,
Der von der Reede jauchzend schallt.
Mit fremden Schätzen reich beladen,
Kehrt zu den heimischen Gestaden
Der Schiffe mastenreicher Wald.

Der königliche Gast erstaunet:
»Dein Glück ist heute gut gelaunet,
Doch fürchte seinen Unbestand.
Der Sparter nie besiegte Scharen
Bedräuen dich mit Kriegsgefahren,
Schon nahe sind sie diesem Strand.«

Und eh ihm noch das Wort entfallen,
Da sieht man's von den Schiffen wallen,
Und tausend Stimmen rufen: »Sieg!
Von Feindesnot sind wir befreiet,
Die Sparter hat der Sturm zerstreuet,
Vorbei, geendet ist der Krieg.«

Das hört der Gastfreund mit Entsetzen:
»Fürwahr, ich muß dich glücklich schätzen,
Doch«, spricht er, »zittr ich für dein Heil!
Mir grauet vor der Götter Neide,
Des Lebens ungemischte Freude
Ward keinem Irdischen zuteil.

Auch mir ist alles wohlgeraten,
Bei allen meinen Herrschertaten
Begleitet mich des Himmels Huld,
Doch hatt ich einen teuren Erben,
Den nahm mir Gott, ich sah ihn sterben,
Dem Glück bezahlt ich meine Schuld.

Drum, willst du dich vor Leid bewahren,
So flehe zu den Unsichtbaren,
Daß sie zum Glück den Schmerz verleihn.
Noch keinen sah ich fröhlich enden,
Auf den mit immer vollen Händen
Die Götter ihre Gaben streun.

Und wenn's die Götter nicht gewähren,
So acht auf eines Freundes Lehren,
Und rufe selbst das Unglück her,
Und was von allen deinen Schätzen
Dein Herz am höchsten mag ergetzen,
Das nimm und wirf's in dieses Meer.«

Und jener spricht, von Furcht beweget:
»Von allem, was die Insel heget,
Ist dieser Ring mein höchstes Gut.
Ihn will ich den Erinnen weihen,
Ob sie mein Glück mir dann verzeihen«,
Und wirft das Kleinod in die Flut.

Und bei des nächsten Morgens Lichte,
Da tritt mit fröhlichem Gesichte
Ein Fischer vor den Fürsten hin:
»Herr, diesen Fisch hab ich gefangen,
Wie keiner noch ins Netz gegangen,
Dir zum Geschenke bring ich ihn.«

Und als der Koch den Fisch zerteilet,
Herbei der Koch erschrocken eilet,
Und ruft mit hocherstauntem Blick:
»Sieh, Herr, den Ring, den du getragen,
Ihn fand ich in des Fisches Magen,
O ohne Grenzen ist dein Glück!«

Hier wendet sich der Gast mit Grausen:
»So kann ich hier nicht ferner hausen,
Mein Freund kannst du nicht weiter sein,
Die Götter wollen dein Verderben,
Fort eil ich, nicht mit dir zu sterben.«
Und sprach's und schiffte schnell sich ein.

FRIEDRICH HÖLDERLIN

An die Parzen

Nur Einen Sommer gönnt, ihr Gewaltigen!
  Und einen Herbst zu reifem Gesange mir,
    Daß williger mein Herz, vom süßen
      Spiele gesättiget, dann mir sterbe.

Die Seele, der im Leben ihr göttlich Recht
  Nicht ward, sie ruht auch drunten im Orkus nicht;
    Doch ist mir einst das Heil'ge, das am
      Herzen mir liegt, das Gedicht gelungen,

Willkommen dann, o Stille der Schattenwelt!
  Zufrieden bin ich, wenn auch mein Saitenspiel
    Mich nicht hinab geleitet; Einmal
      Lebt ich, wie Götter, und mehr bedarfs nicht.

An die Deutschen

Spottet ja nicht des Kinds, wenn es mit Peitsch' und Sporn
  Auf dem Rosse von Holz mutig und groß sich dünkt,
    Denn, ihr Deutschen, auch ihr seid
      Tatenarm und gedankenvoll.

Oder kömmt, wie der Strahl aus dem Gewölbe kömmt,
  Aus Gedanken die Tat? Leben die Bücher bald?
    O ihr Lieben, so nimmt mich,
      Daß ich büße die Lästerung.

Sokrates und Alcibiades

»Warum huldigest du, heiliger Sokrates,
   Diesem Jünglinge stets? kennest du Größers nicht?
     Warum siehet mit Liebe,
       Wie auf Götter, dein Aug' auf ihn?«

Wer das Tiefste gedacht, liebt das Lebendigste,
   Hohe Jugend versteht, wer in die Welt geblickt
     Und es neigen die Weisen
       Oft am Ende zu Schönem sich.

Hälfte des Lebens

Mit gelben Birnen hänget
Und voll mit wilden Rosen
Das Land in den See,
Ihr holden Schwäne,
Und trunken von Küssen
Tunkt ihr das Haupt
Ins heilignüchterne Wasser.

Weh mir, wo nehm' ich, wenn
Es Winter ist, die Blumen, und wo
Den Sonnenschein,
Und Schatten der Erde?
Die Mauern stehn
Sprachlos und kalt, im Winde
Klirren die Fahnen.

Hyperions Schicksalslied

Ihr wandelt droben im Licht
  Auf weichem Boden, selige Genien!
    Glänzende Götterlüfte
     Rühren euch leicht,
       Wie die Finger der Künstlerin
       Heilige Saiten.

Schicksallos, wie der schlafende
  Säugling, atmen die Himmlischen;
    Keusch bewahrt
     In bescheidener Knospe,
      Blühet ewig
       Ihnen der Geist,
        Und die seligen Augen
        Blicken in stiller
         Ewiger Klarheit.

Doch uns ist gegeben,
  Auf keiner Stätte zu ruhn,
    Es schwinden, es fallen
     Die leidenden Menschen
      Blindlings von einer
       Stunde zur andern,
        Wie Wasser von Klippe
        Zu Klippe geworfen,
         Jahr lang ins Ungewisse hinab.

NOVALIS

Ich sehe dich in tausend Bildern

Ich sehe dich in tausend Bildern,
Maria, lieblich ausgedrückt,
Doch keins von allen kann dich schildern,
Wie meine Seele dich erblickt.

Ich weiß nur, daß der Welt Getümmel
Seitdem mir wie ein Traum verweht
Und ein unnennbar süßer Himmel
Mir ewig im Gemüte steht.

CLEMENS BRENTANO

Über eine Skizze
Verzweiflung an der Liebe in der Liebe

In Liebeskampf? In Todeskampf gesunken?
Ob Atem noch von ihren Lippen fließt?
Ob ihr der Krampf den kleinen Mund verschließt?
Kein Öl die Lampe? oder keinen Funken?

Der Jüngling – betend? tot? in Liebe trunken?
Ob er der Jungfrau höchste Gunst genießt?
Was ist's das der gefallne Becher gießt?
Hat Gift, hat Wein, hat Balsam sie getrunken.

Des Jünglings Arme, Engelsflügel werden
Nein Mantelsfalten Leichentuches Falten.
Um sie strahlt Heil'genschein – zerraufte Haare.

Strahl' Himmelslicht, flamm' Hölle zu der Erde
Brich der Verzweiflung rasende Gewalten,
Enthüll' – verhüll' – das Freudenbett – die Bahre.

ADELBERT VON CHAMISSO

Die alte Waschfrau

Du siehst geschäftig bei dem Linnen
Die Alte dort in weißem Haar,
Die rüstigste der Wäscherinnen
Im sechsundsiebenzigsten Jahr.
So hat sie stets mit sauerm Schweiß
Ihr Brot in Ehr und Zucht gegessen,
Und ausgefüllt mit treuem Fleiß
Den Kreis, den Gott ihr zugemessen.

Sie hat in ihren jungen Tagen
Geliebt, gehofft und sich vermählt;
Sie hat des Weibes Los getragen,
Die Sorgen haben nicht gefehlt;
Sie hat den kranken Mann gepflegt;
Sie hat drei Kinder ihm geboren;
Sie hat ihn in das Grab gelegt
Und Glaub und Hoffnung nicht verloren.

Da galt's die Kinder zu ernähren;
Sie griff es an mit heiterm Mut,
Sie zog sie auf in Zucht und Ehren,
Der Fleiß, die Ordnung sind ihr Gut.
Zu suchen ihren Unterhalt
Entließ sie segnend ihre Lieben,
So stand sie nun allein und alt,
Ihr war ihr heitrer Mut geblieben.

Sie hat gespart und hat gesonnen
Und Flachs gekauft und nachts gewacht,
Den Flachs zu feinem Garn gesponnen,

Das Garn dem Weber hingebracht;
Der hat's gewebt zu Leinewand;
Die Schere brauchte sie, die Nadel,
Und nähte sich mit eigner Hand
Ihr Sterbehemde sonder Tadel.

Ihr Hemd, ihr Sterbehemd, sie schätzt es,
Verwahrts im Schrein am Ehrenplatz;
Es ist ihr Erstes und ihr Letztes,
Ihr Kleinod, ihr ersparter Schatz.
Sie legt es an, des Herren Wort
Am Sonntag früh sich einzuprägen,
Dann legt sie's wohlgefällig fort,
Bis sie darin zur Ruh sie legen.

Und ich, an meinem Abend, wollte,
Ich hätte, diesem Weibe gleich,
Erfüllt, was ich erfüllen sollte
In meinen Grenzen und Bereich;
Ich wollt, ich hätte so gewußt
Am Kelch des Lebens mich zu laben,
Und könnt am Ende gleiche Lust
An meinem Sterbehemde haben.

JUSTINUS KERNER

Der Wanderer in der Sägmühle

Dort unten in der Mühle
Saß ich in süßer Ruh
Und sah dem Räderspiele
Und sah den Wassern zu.

Sah zu der blanken Säge,
Es war mir wie ein Traum,
Die bahnte lange Wege
In einen Tannenbaum.

Die Tanne war wie lebend,
In Trauermelodie
Durch alle Fasern bebend
Sang diese Worte sie:

»Du kehrst zur rechten Stunde,
O Wanderer, hier ein,
Du bist's, für den die Wunde
Mir dringt ins Herz hinein!

Du bist's, für den wird werden,
Wenn kurz gewandert du,
Dies Holz im Schoß der Erden
Ein Schrein zur langen Ruh.«

Vier Bretter sah ich fallen,
Mir wards ums Herze schwer,
Ein Wörtlein wollt' ich lallen,
Da ging das Rad nicht mehr.

JOSEPH VON EICHENDORFF

Lied

In einem kühlen Grunde,
Da geht ein Mühlenrad,
Mein' Liebste ist verschwunden,
Die dort gewohnet hat.

Sie hat mir Treu versprochen,
Gab mir ein'n Ring dabei,
Sie hat die Treu gebrochen,
Mein Ringlein sprang entzwei.

Ich möcht' als Spielmann reisen
Weit in die Welt hinaus,
Und singen meine Weisen
Und gehn von Haus zu Haus.

Ich möcht' als Reiter fliegen
Wohl in die blut'ge Schlacht,
Um stille Feuer liegen
Im Feld bei dunkler Nacht.

Hör' ich das Mühlrad gehen,
Ich weiß nicht, was ich will,
Ich möcht' am liebsten sterben,
Da wär's auf einmal still.

Zwielicht

Dämmrung will die Flügel spreiten,
Schaurig rühren sich die Bäume,
Wolken zieh'n wie schwere Träume –
Was will dieses Grau'n bedeuten?

Hast ein Reh du, lieb vor andern,
Laß es nicht alleine grasen,
Jäger zieh'n im Wald' und blasen,
Stimmen hin und wieder wandern.

Hast du einen Freund hienieden,
Trau ihm nicht zu dieser Stunde,
Freundlich wohl mit Aug' und Munde,
Sinnt er Krieg im tück'schen Frieden.

Was heut müde gehet unter,
Hebt sich morgen neugeboren.
Manches bleibt in Nacht verloren –
Hüte dich, bleib' wach und munter!

Frühlingsfahrt

Es zogen zwei rüst'ge Gesellen
Zum ersten Mal von Haus
So jubelnd recht in die hellen
Klingenden, singenden Wellen
Des vollen Frühlings hinaus.

Die strebten nach hohen Dingen,
Die wollten trotz Lust und Schmerz,
Was Recht's in der Welt vollbringen,

Und wem sie vorübergingen
Dem lachten Sinnen und Herz. –

Der Erste, der fand ein Liebchen,
Die Schwieger kauft' Hof und Haus;
Der wiegte gar bald ein Bübchen,
Und sah aus heimlichen Stübchen
Behaglich in's Feld hinaus.

Dem zweiten sangen und logen
Die tausend Stimmen im Grund,
Verlockend' Sirenen, und zogen
Ihn in der buhlenden Wogen
Farbig klingenden Schlund.

Und wie er auftaucht vom Schlunde
Da war er müde und alt,
Sein Schifflein das lag im Grunde,
So still war's rings in die Runde
Und über die Wasser weht's kalt.

Es singen und klingen die Wellen
Des Frühlings wohl über mir;
Und seh ich so kecke Gesellen,
Die Tränen im Auge mir schwellen –
Ach Gott, führ' uns liebreich zu Dir!

In der Fremde

Aus der Heimat hinter den Blitzen rot
Da kommen die Wolken her,
Aber Vater und Mutter sind lange tot,
Es kennt mich dort keiner mehr.
Wie bald, wie bald kommt die stille Zeit,

Da ruhe ich auch, und über mir
Rauschet die schöne Waldeinsamkeit
Und keiner mehr kennt mich auch hier.

Mondnacht

Es war, als hätt' der Himmel
Die Erde still geküßt,
Daß sie im Blüten-Schimmer
Von ihm nun träumen müßt'.

Die Luft ging durch die Felder,
Die Ähren wogten sacht,
Es rauschten leis die Wälder,
So sternklar war die Nacht.

Und meine Seele spannte
Weit ihre Flügel aus,
Flog durch die stillen Lande,
Als flöge sie nach Haus.

Wünschelrute

Schläft ein Lied in allen Dingen,
Die da träumen fort und fort,
Und die Welt hebt an zu singen,
Triffst du nur das Zauberwort.

FERDINAND RAIMUND

(»Hobellied«)

Da streiten sich die Leut' herum
Oft um den Wert des Glück's,
Der Eine heißt den Andern dumm,
Am End' weiß keiner nix.
Das ist der allerärmste Mann,
Der And're oft zu reich,
Das Schicksal setzt den Hobel an
Und hobelt's Beide gleich.

Die Jugend will halt stets mit G'walt
In Allem glücklich sein,
Doch wird man nur ein Bissel alt
Da gibt man sich schon drein.
Oft zankt mein Weib mit mir, O Graus!
Das bringt mich nicht in Wut
Da klopf ich meinen Hobel aus
Und denk' Du brummst mir gut.

Zeigt sich der Tod einst mit Verlaub
Und zupft mich: Brüderl kum,
Da stell' ich mich im Anfang taub,
Und schau' mich gar nicht um.
Doch sagt er: Lieber *Valentin*
Mach' keine Umständ, Geh'!
Da leg' ich meinen Hobel hin,
Und sag' der Welt Adje!

AUGUST GRAF VON PLATEN

Tristan

Wer die Schönheit angeschaut mit Augen,
Ist dem Tode schon anheimgegeben,
Wird für keinen Dienst auf Erden taugen,
Und doch wird er vor dem Tode beben,
Wer die Schönheit angeschaut mit Augen!

Ewig währt für ihn der Schmerz der Liebe,
Denn ein Tor nur kann auf Erden hoffen,
Zu genügen einem solchen Triebe:
Wen der Pfeil des Schönen je getroffen,
Ewig währt für ihn der Schmerz der Liebe!

Ach, er möchte wie ein Quell versiechen,
Jedem Hauch der Luft ein Gift entsaugen,
Und den Tod aus jeder Blume riechen:
Wer die Schönheit angeschaut mit Augen,
Ach, er möchte wie ein Quell versiechen!

Wer wußte je das Leben recht zu fassen

Wer wußte je das Leben recht zu fassen,
    Wer hat die Hälfte nicht davon verloren
    Im Traum, im Fieber, im Gespräch mit Toren,
    In Liebesqual, im leeren Zeitverprassen?

Ja, der sogar, der ruhig und gelassen,
    Mit dem Bewußtsein, was er soll, geboren,
    Frühzeitig einen Lebensgang erkoren,
    Muß vor des Lebens Widerspruch erblassen.

Denn Jeder hofft doch, daß das Glück ihm lache,
Allein das Glück, wenn's wirklich kommt, ertragen,
Ist keines Menschen, wäre Gottes Sache.

Auch kommt es nie, wir wünschen bloß und wagen:
Dem Schläfer fällt es nimmermehr vom Dache,
Und auch der Läufer wird es nicht erjagen.

HEINRICH HEINE

Sie haben mich gequälet

Sie haben mich gequälet,
Geärgert blau und blaß.
Die Einen mit ihrer Liebe,
Die Andern mit ihrem Haß.

Sie haben das Brot mir vergiftet,
Sie gossen mir Gift ins Glas,
Die Einen mit ihrer Liebe,
Die Andern mit ihrem Haß.

Doch sie, die mich am meisten
Gequält, geärgert, betrübt,
Die hat mich nie gehasset,
Und hat mich nie geliebt.

Ein Jüngling liebt ein Mädchen

Ein Jüngling liebt ein Mädchen,
Die hat einen andern erwählt;
Der andre liebt eine andre,
Und hat sich mit dieser vermählt.

Das Mädchen heiratet aus Ärger
Den ersten besten Mann,
Der ihr in den Weg gelaufen;
Der Jüngling ist übel dran.

Es ist eine alte Geschichte,
Doch bleibt sie immer neu;
Und wem sie just passieret,
Dem bricht das Herz entzwei.

Sie saßen und tranken am Teetisch

Sie saßen und tranken am Teetisch,
Und sprachen von Liebe viel.
Die Herren die waren ästhetisch,
Die Damen von zartem Gefühl.

Die Liebe muß sein platonisch,
Der dürre Hofrat sprach.
Die Hofrätin lächelt ironisch,
Und dennoch seufzet sie: Ach!

Der Domherr öffnet den Mund weit:
Die Liebe sei nicht zu roh,
Sie schadet sonst der Gesundheit.
Das Fräulein lispelt: Wie so?

Die Gräfin spricht wehmütig:
Die Liebe ist eine Passion!
Und präsentieret gütig
Die Tasse dem Herren Baron.

Am Tische war noch ein Plätzchen;
Mein Liebchen, da hast du gefehlt.
Du hättest so hübsch, mein Schätzchen,
Von deiner Liebe erzählt.

Ich hab im Traum geweinet

Ich hab im Traum geweinet,
Mir träumte, du lägest im Grab.
Ich wachte auf, und die Träne
Floß noch von der Wange herab.

Ich hab im Traum geweinet,
Mir träumt', du verließest mich.
Ich wachte auf, und ich weinte
Noch lange bitterlich.

Ich hab im Traum geweinet,
Mir träumte, du bliebest mir gut.
Ich wachte auf, und noch immer
Strömt meine Tränenflut.

Ich weiß nicht was soll es bedeuten

Ich weiß nicht was soll es bedeuten,
Daß ich so traurig bin;
Ein Märchen aus alten Zeiten,
Das kommt mir nicht aus dem Sinn.

Die Luft ist kühl und es dunkelt,
Und ruhig fließt der Rhein;
Der Gipfel des Berges funkelt
Im Abendsonnenschein.

Die schönste Jungfrau sitzet
Dort oben wunderbar;
Ihr goldnes Geschmeide blitzet,
Sie kämmt ihr goldenes Haar.

Sie kämmt es mit goldenem Kamme
Und singt ein Lied dabei;
Das hat eine wundersame,
Gewaltige Melodei.

Den Schiffer im kleinen Schiffe
Ergreift es mit wildem Weh;
Er schaut nicht die Felsenriffe,
Er schaut nur hinauf in die Höh.

Ich glaube, die Wellen verschlingen
Am Ende Schiffer und Kahn;
Und das hat mit ihrem Singen
Die Lore-Ley getan.

Wenn ich an deinem Hause

Wenn ich an deinem Hause
Des Morgens vorüber geh,
So freuts mich, du liebe Kleine,
Wenn ich dich am Fenster seh.

Mit deinen schwarzbraunen Augen
Siehst du mich forschend an:
Wer bist du, und was fehlt dir,
Du fremder, kranker Mann?

»Ich bin ein deutscher Dichter,
Bekannt im deutschen Land;
Nennt man die besten Namen,
So wird auch der meine genannt.

Und was mir fehlt, du Kleine,
Fehlt manchem im deutschen Land;
Nennt man die schlimmsten Schmerzen,
So wird auch der meine genannt.«

Du hast Diamanten und Perlen

Du hast Diamanten und Perlen,
Hast alles, was Menschenbegehr,
Und hast die schönsten Augen –
Mein Liebchen, was willst du mehr?

Auf deine schönen Augen
Hab ich ein ganzes Heer
Von ewigen Liedern gedichtet –
Mein Liebchen, was willst du mehr?

Mit deinen schönen Augen
Hast du mich gequält so sehr,
Und hast mich zu Grunde gerichtet –
Mein Liebchen, was willst du mehr?

Lied

Du bist wie eine Blume,
So hold und schön und rein;
Ich schau dich an, und Wehmut
Schleicht mir ins Herz hinein.

Mir ist, als ob ich die Hände
Aufs Haupt dir legen sollt,
Betend, daß Gott dich erhalte
So rein und schön und hold.

Donna Clara
(Aus einem spanischen Romane)

In dem abendlichen Garten
Wandelt des Alkaden Tochter;
Pauken- und Trommetenjubel
Klingt herunter von dem Schlosse.

»Lästig werden mir die Tänze
Und die süßen Schmeichelworte,
Und die Ritter, die so zierlich
Mich vergleichen mit der Sonne.

Überlästig wird mir alles,
Seit ich sah, beim Strahl des Mondes,
Jenen Ritter, dessen Laute
Nächtens mich ans Fenster lockte.

Wie er stand so schlank und mutig,
Und die Augen leuchtend schossen
Aus dem edelblassen Antlitz,
Glich er wahrlich Sankt Georgen.«

Also dachte Donna Clara,
Und sie schaute auf den Boden;
Wie sie aufblickt, steht der schöne,
Unbekannte Ritter vor ihr.

Händedrückend, liebeflüsternd
Wandeln sie umher im Mondschein,
Und der Zephir schmeichelt freundlich,
Märchenartig grüßen Rosen.

Märchenartig grüßen Rosen,
Und sie glühn wie Liebesboten. –
Aber sage mir, Geliebte,
Warum du so plötzlich rot wirst?

»Mücken stachen mich, Geliebter,
Und die Mücken sind, im Sommer,
Mir so tief verhaßt, als wärens
Langenasge Judenrotten.«

Laß die Mücken und die Juden,
Spricht der Ritter, freundlich kosend.
Von den Mandelbäumen fallen
Tausend weiße Blütenflocken.

Tausend weiße Blütenflocken
Haben ihren Duft ergossen. –
Aber sage mir, Geliebte,
Ist dein Herz mir ganz gewogen?

»Ja, ich liebe dich, Geliebter,
Bei dem Heiland seis geschworen,
Den die gottverfluchten Juden
Boshaft tückisch einst ermordet.«

Laß den Heiland und die Juden,
Spricht der Ritter, freundlich kosend.
In der Ferne schwanken traumhaft
Weiße Liljen, lichtumflossen.

Weiße Liljen, lichtumflossen,
Blicken nach den Sternen droben. –
Aber sage mir, Geliebte,
Hast du auch nicht falsch geschworen?

»Falsch ist nicht in mir, Geliebter,
Wie in meiner Brust kein Tropfen
Blut ist von dem Blut der Mohren
Und des schmutzgen Judenvolkes.«

Laß die Mohren und die Juden,
Spricht der Ritter, freundlich kosend;
Und nach einer Myrtenlaube
Führt er die Alkadentochter.

Mit den weichen Liebesnetzen
Hat er heimlich sie umflochten;
Kurze Worte, lange Küsse
Und die Herzen überflossen.

Wie ein schmelzend süßes Brautlied
Singt die Nachtigall, die holde;
Wie zum Fackeltanze hüpfen
Feuerwürmchen auf dem Boden.

In der Laube wird es stiller,
Und man hört nur, wie verstohlen,
Das Geflüster kluger Myrten
Und der Blumen Atemholen.

Aber Pauken und Trommeten
Schallen plötzlich aus dem Schlosse,
Und erwachend hat sich Clara
Aus des Ritters Arm gezogen.

»Horch! da ruft es mich, Geliebter;
Doch, bevor wir scheiden, sollst du
Nennen deinen lieben Namen,
Den du mir so lang verborgen.«

Und der Ritter, heiter lächelnd,
Küßt die Finger seiner Donna,
Küßt die Lippen und die Stirne,
Und er spricht zuletzt die Worte:

Ich, Sennora, Eur Geliebter,
Bin der Sohn des vielbelobten,
Großen, schriftgelehrten Rabbi
Israel von Saragossa.

An Edom

Ein Jahrtausend schon und länger,
Dulden wir uns brüderlich,
Du, du duldest, daß ich atme,
Daß du rasest, dulde Ich.

Manchmal nur, in dunkeln Zeiten,
Ward dir wunderlich zu Mut,
Und die liebefrommen Tätzchen
Färbtest du mit meinem Blut!

Jetzt wird unsre Freundschaft fester,
Und noch täglich nimmt sie zu;
Denn ich selbst begann zu rasen,
Und ich werde fast wie Du.

Im wunderschönen Monat Mai

Im wunderschönen Monat Mai,
Als alle Knospen sprangen,
Da ist in meinem Herzen
Die Liebe aufgegangen.

Im wunderschönen Monat Mai,
Als alle Vögel sangen,
Da hab ich ihr gestanden
Mein Sehnen und Verlangen.

Leise zieht durch mein Gemüt

Leise zieht durch mein Gemüt
Liebliches Geläute.
Klinge, kleines Frühlingslied,
Kling hinaus ins Weite.

Kling hinaus, bis an das Haus,
Wo die Blumen sprießen,
Wenn du eine Rose schaust,
Sag, ich laß sie grüßen.

Das Fräulein stand am Meere

Das Fräulein stand am Meere
Und seufzte lang und bang,
Es rührte sie so sehre
Der Sonnenuntergang.

Mein Fräulein! sein Sie munter,
Das ist ein altes Stück;
Hier vorne geht sie unter
Und kehrt von hinten zurück.

Ich hatte einst ein schönes Vaterland

Ich hatte einst ein schönes Vaterland.
Der Eichenbaum
Wuchs dort so hoch, die Veilchen nickten sanft.
Es war ein Traum.

Das küßte mich auf deutsch, und sprach auf deutsch
(Man glaubt es kaum
Wie gut es klang) das Wort: »ich liebe dich!«
Es war ein Traum.

Wo?

Wo wird einst des Wandermüden
Letzte Ruhestätte sein?
Unter Palmen in dem Süden?
Unter Linden an dem Rhein?

Werd ich wo in einer Wüste
Eingescharrt von fremder Hand?
Oder ruh ich an der Küste
Eines Meeres in dem Sand?

Immerhin! Mich wird umgeben
Gotteshimmel, dort wie hier,
Und als Totenlampen schweben
Nachts die Sterne über mir.

Nachtgedanken

Denk ich an Deutschland in der Nacht,
Dann bin ich um den Schlaf gebracht,
Ich kann nicht mehr die Augen schließen,
Und meine heißen Tränen fließen.

Die Jahre kommen und vergehn!
Seit ich die Mutter nicht gesehn,
Zwölf Jahre sind schon hingegangen;
Es wächst mein Sehnen und Verlangen.

Mein Sehnen und Verlangen wächst.
Die alte Frau hat mich behext,
Ich denke immer an die alte,
Die alte Frau, die Gott erhalte!

Die alte Frau hat mich so lieb,
Und in den Briefen, die sie schrieb,
Seh ich, wie ihre Hand gezittert,
Wie tief das Mutterherz erschüttert.

Die Mutter liegt mir stets im Sinn.
Zwölf lange Jahre flossen hin,
Zwölf lange Jahre sind verflossen,
Seit ich sie nicht ans Herz geschlossen.

Deutschland hat ewigen Bestand,
Es ist ein kerngesundes Land,
Mit seinen Eichen, seinen Linden,
Werd ich es immer wiederfinden.

Nach Deutschland lechzt ich nicht so sehr,
Wenn nicht die Mutter dorten wär;

Das Vaterland wird nie verderben,
Jedoch die alte Frau kann sterben.

Seit ich das Land verlassen hab,
So viele sanken dort ins Grab,
Die ich geliebt – wenn ich sie zähle,
So will verbluten meine Seele.

Und zählen muß ich – Mit der Zahl
Schwillt immer höher meine Qual,
Mir ist, als wälzten sich die Leichen,
Auf meine Brust – Gottlob! sie weichen!

Gottlob! durch meine Fenster bricht
Französisch heitres Tageslicht;
Es kommt mein Weib, schön wie der Morgen,
Und lächelt fort die deutschen Sorgen.

Das neue Israelitische Hospital zu Hamburg

Ein Hospital für arme, kranke Juden,
Für Menschenkinder, welche dreifach elend,
Behaftet mit den bösen drei Gebresten,
Mit Armut, Körperschmerz und Judentume!

Das schlimmste von den dreien ist das letzte,
Das tausendjährige Familienübel,
Die aus dem Niltal mitgeschleppte Plage,
Der altägyptisch ungesunde Glauben.

Unheilbar tiefes Leid! Dagegen helfen
Nicht Dampfbad, Dusche, nicht die Apparate
Der Chirurgie, noch all die Arzeneien,
Die dieses Haus den siechen Gästen bietet.

Wird einst die Zeit die ewige Göttin, tilgen
Das dunkle Weh, das sich vererbt vom Vater
Herunter auf den Sohn, – wird einst der Enkel
Genesen und vernünftig sein und glücklich?

Ich weiß es nicht! Doch mittlerweile wollen
Wir preisen jenes Herz, das klug und liebreich
Zu lindern suchte, was der Lindrung fähig,
Zeitlichen Balsam träufelnd in die Wunden.

Der teure Mann! Er baute hier ein Obdach
Für Leiden, welche heilbar durch die Künste
Des Arztes (oder auch des Todes!), sorgte
Für Polster, Labetrank, Wartung und Pflege –

Ein Mann der Tat, tat er was eben tunlich;
Für gute Werke gab er hin den Taglohn
Am Abend seines Lebens, menschenfreundlich,
Durch Wohltun sich erholend von der Arbeit.

Er gab mit reicher Hand – doch reiche Spende
Entrollte manchmal seinem Aug, die Träne,
Die kostbar schöne Träne, die er weinte
Ob der unheilbar großen Brüderkrankheit.

Gedächtnisfeier

Keine Messe wird man singen,
Keinen Kadosch wird man sagen,
Nichts gesagt und nichts gesungen
Wird an meinen Sterbetagen.

Doch vielleicht an solchem Tage,
Wenn das Wetter schön und milde,
Geht spazieren auf Montmartre
Mit Paulinen Frau Mathilde.

Mit dem Kranz von Immortellen
Kommt sie mir das Grab zu schmücken,
Und sie seufzet: Pauvre homme!
Feuchte Wehmut in den Blicken.

Leider wohn ich viel zu hoch,
Und ich habe meiner Süßen
Keinen Stuhl hier anzubieten;
Ach! sie schwankt mit müden Füßen.

Süßes, dickes Kind, du darfst
Nicht zu Fuß nach Hause gehen;
An dem Barrieregitter
Siehst du die Fiaker stehen.

Laß die heilgen Parabolen

Laß die heilgen Parabolen,
Laß die frommen Hypothesen –
Suche die verdammten Fragen
Ohne Umschweif uns zu lösen.

Warum schleppt sich blutend, elend,
Unter Kreuzlast der Gerechte,
Während glücklich als ein Sieger
Trabt auf hohem Roß der Schlechte?

Woran liegt die Schuld? Ist etwa
Unser Herr nicht ganz allmächtig?
Oder treibt er selbst den Unfug?
Ach, das wäre niederträchtig.

Also fragen wir beständig,
Bis man uns mit einer Handvoll
Erde endlich stopft die Mäuler –
Aber ist das eine Antwort?

Unser Grab erwärmt der Ruhm

Unser Grab erwärmt der Ruhm.
Torenworte! Narrentum!
Eine beßre Wärme gibt
Eine Kuhmagd, die verliebt
Uns mit dicken Lippen küßt
Und beträchtlich riecht nach Mist.
Gleichfalls eine beßre Wärme
Wärmt dem Menschen die Gedärme,
Wenn er Glühwein trinkt und Punsch

Oder Grog nach Herzenswunsch
In den niedrigsten Spelunken,
Unter Dieben und Halunken,
Die dem Galgen sind entlaufen,
Aber leben, atmen, schnaufen,
Und beneidenswerter sind,
Als der Thetis großes Kind –
Der Pelide sprach mit Recht:
Leben wie der ärmste Knecht
In der Oberwelt ist besser,
Als am stygischen Gewässer
Schattenführer sein, ein Heros,
Den besungen selbst Homeros.

»Nicht gedacht soll seiner werden!«

»Nicht gedacht soll seiner werden!«
Aus dem Mund der armen alten
Esther Wolf hört ich die Worte,
Die ich treu im Sinn behalten.

Ausgelöscht sein aus der Menschen
Angedenken hier auf Erden,
Ist die Blume der Verwünschung –
Nicht gedacht soll seiner werden!

Herz, mein Herz, ström aus die Fluten
Deiner Klagen und Beschwerden,
Doch von *ihm* sei nie die Rede –
Nicht gedacht soll seiner werden!

Nicht gedacht soll seiner werden,
Nicht im Liede, nicht im Buche –
Dunkler Hund im dunklen Grabe,
Du verfaulst mit meinem Fluche!

Selbst am Auferstehungstage,
Wenn, geweckt von den Fanfaren
Der Posaunen, schlotternd wallen
Zum Gericht die Totenscharen,

Und alldort der Engel abliest
Vor den göttlichen Behörden
Alle Namen der Geladnen –
Nicht gedacht soll seiner werden!

NIKOLAUS LENAU

Der Postillion

Lieblich war die Maiennacht,
Silberwölklein flogen,
Ob der holden Frühlingspracht
Freudig hingezogen.

Schlummernd lagen Wies und Hain,
Jeder Pfad verlassen;
Niemand als der Mondenschein
Wachte auf den Straßen.

Leise nur das Lüftchen sprach,
Und es zog gelinder
Durch das stille Schlafgemach
All der Frühlingskinder.

Heimlich nur das Bächlein schlich,
Denn der Blüten Träume
Dufteten gar wonniglich
Durch die stillen Räume.

Rauher war mein Postillion,
Ließ die Geißel knallen,
Über Berg und Tal davon
Frisch sein Horn erschallen.

Und von flinken Rossen vier
Scholl der Hufe Schlagen,
Die durchs blühende Revier
Trabten mit Behagen.

Wald und Flur im schnellen Zug
Kaum gegrüßt – gemieden;
Und vorbei, wie Traumesflug,
Schwand der Dörfer Frieden.

Mitten in dem Maienglück
Lag ein Kirchhof innen,
Der den raschen Wanderblick
Hielt zu ernstem Sinnen.

Hingelehnt an Bergesrand
War die bleiche Mauer,
Und das Kreuzbild Gottes stand
Hoch, in stummer Trauer.

Schwager ritt auf seiner Bahn
Stiller jetzt und trüber;
Und die Rosse hielt er an,
Sah zum Kreuz hinüber:

»Halten muß hier Roß und Rad,
Mags euch nicht gefährden:
Drüben liegt mein Kamerad
In der kühlen Erden!

Ein gar herzlieber Gesell!
Herr, 's ist ewig schade!
Keiner blies das Horn so hell
Wie mein Kamerade!

Hier ich immer halten muß,
Dem dort unterm Rasen
Zum getreuen Brudergruß
Sein Leiblied zu blasen!«

Und dem Kirchhof sandt er zu
Frohe Wandersänge,
Daß es in die Grabesruh
Seinem Bruder dränge.

Und des Hornes heller Ton
Klang vom Berge wieder,
Ob der tote Postillion
Stimmt' in seine Lieder. –

Weiter gings durch Feld und Hag
Mit verhängtem Zügel;
Lang mir noch im Ohre lag
Jener Klang vom Hügel.

Die drei Zigeuner

Drei Zigeuner fand ich einmal
Liegen an einer Weide,
Als mein Fuhrwerk mit müder Qual
Schlich durch sandige Heide.

Hielt der eine für sich allein
In den Händen die Fiedel,
Spielte, umglüht vom Abendschein,
Sich ein feuriges Liedel.

Hielt der zweite die Pfeif im Mund,
Blickte nach seinem Rauche,
Froh, als ob er vom Erdenrund
Nichts zum Glücke mehr brauche.

Und der dritte behaglich schlief,
Und sein Zimbal am Baum hing,
Über die Saiten der Windhauch lief,
Über sein Herz ein Traum ging.

An den Kleidern trugen die drei
Löcher und bunte Flicken,
Aber sie boten trotzig frei
Spott den Erdengeschicken.

Dreifach haben sie mir gezeigt,
Wenn das Leben uns nachtet,
Wie mans verraucht, verschläft, vergeigt,
Und es dreimal verachtet.

Nach den Zigeunern lang noch schaun
Mußt ich im Weiterfahren,
Nach den Gesichtern dunkelbraun,
Den schwarzlockigen Haaren.

EDUARD MÖRIKE

Er ist's

Frühling läßt sein blaues Band
Wieder flattern durch die Lüfte;
Süße, wohlbekannte Düfte
Streifen ahnungsvoll das Land.

Veilchen träumen schon,
Wollen balde kommen.
– Horch, von fern ein leiser Harfenton!
Frühling, ja du bist's!
Dich hab ich vernommen!

Denk' es, o Seele!

Ein Tännlein grünet wo,
Wer weiß, im Walde,
Ein Rosenstrauch, wer sagt,
In welchem Garten?
Sie sind erlesen schon,
Denk' es, o Seele,
Auf deinem Grab zu wurzeln
Und zu wachsen.

Zwei schwarze Rößlein weiden
Auf der Wiese,
Sie kehren heim zur Stadt
In muntern Sprüngen.
Sie werden schrittweis gehn
Mit deiner Leiche;
Vielleicht, vielleicht noch eh'

An ihren Hufen
Das Eisen los wird,
Das ich blitzen sehe!

UNBEKANNTER DICHTER

Aus »Des Knaben Wunderhorn«
Das bucklichte Männlein

Will ich in mein Gärtlein gehn,
Will mein Zwiebeln gießen;
Steht ein bucklicht Männlein da,
Fängt als an zu nießen.

Will ich in mein Küchel gehn,
Will mein Süpplein kochen;
Steht ein bucklicht Männlein da,
Hat mein Töpflein brochen.

Will ich in mein Stüblein gehn,
Will mein Müßlein essen;
Steht ein bucklicht Männlein da,
Hats schon halber gessen.

Will ich auf mein Boden gehn,
Will mein Hölzlein holen;
Steht ein bucklicht Männlein da,
Hat mirs halber g'stohlen.

Will ich in mein Keller gehn,
Will mein Weinlein zapfen;
Steht ein bucklicht Männlein da,
Thut mir'n Krug wegschnappen.

Setz ich mich ans Rädlein hin,
Will mein Fädlein drehen;
Steht ein bucklicht Männlein da,
Läßt mirs Rad nicht gehen.

Geh ich in mein Kämmerlein,
Will mein Bettlein machen;
Steht ein bucklicht Männlein da,
Fängt als an zu lachen.

Wenn ich an mein Bänklein knie,
Will ein bislein beten;
Steht ein bucklicht Männlein da,
Fängt als an zu reden.

Liebes Kindlein, ach ich bitt,
Bet' für's bucklicht Männlein mit!

HERMANN VON GILM ZU ROSENEGG

Allerseelen

Stell' auf den Tisch die duftenden Reseden,
Die letzten roten Astern trag' herbei
Und laß uns wieder von der Liebe reden,
      Wie einst im Mai.

Gib mir die Hand, daß ich sie heimlich drücke,
Und wenn man's sieht, mir ist es einerlei;
Gib mir nur einen deiner süßen Blicke,
      Wie einst im Mai.

Es blüht und funkelt heut' auf jedem Grabe,
Ein Tag im Jahre ist den Toten frei;
Komm' an mein Herz, daß ich dich wieder habe,
      Wie einst im Mai.

FRIEDRICH HEBBEL

Sommerbild

Ich sah des Sommers letzte Rose stehn,
Sie war, als ob sie bluten könne, rot;
Da sprach ich schauernd im Vorübergehn:
So weit im Leben, ist zu nah am Tod!

Es regte sich kein Hauch am heißen Tag,
Nur leise strich ein weißer Schmetterling;
Doch, ob auch kaum die Luft sein Flügelschlag
Bewegte, sie empfand es und verging.

Wenn die Rosen ewig blühten ...

Wenn die Rosen ewig blühten,
    Die man nicht vom Stock gebrochen,
Würden sich die Mädchen hüten,
    Wenn die Bursche nächtlich pochen.

Aber, da der Sturm vernichtet,
    Was die Finger übrigließen,
Fühlen sie sich nicht verpflichtet,
    Ihre Kammern zu verschließen.

RICHARD WAGNER

Mein Freund! In holder Jugendzeit

Mein Freund! In holder Jugendzeit,
wenn uns von mächt'gen Trieben
zum sel'gen ersten Lieben
die Brust sich schwellet hoch und weit
ein schönes Lied zu singen
mocht' vielen da gelingen:
der Lenz, der sang für sie.

Kam Sommer, Herbst und Winterzeit,
viel Not und Sorg' im Leben,
manch ehlich Glück daneben,
Kindtauf', Geschäfte, Zwist und Streit:
denen's dann noch will gelingen,
ein schönes Lied zu singen,
seht, Meister nennt man die.

THEODOR STORM

Abseits

Es ist so still; die Heide liegt
Im warmen Mittagssonnenstrahle,
Ein rosenroter Schimmer fliegt
Um ihre alten Gräbermale;
Die Kräuter blühn; der Heideduft
Steigt in die blaue Sommerluft.

Laufkäfer hasten durch's Gesträuch
In ihren goldnen Panzerröckchen,
Die Bienen hängen Zweig um Zweig
Sich an der Edelheide Glöckchen;
Die Vögel schwirren aus dem Kraut –
Die Luft ist voller Lerchenlaut.

Ein halbverfallen' niedrig' Haus
Steht einsam hier und sonnbeschienen;
Der Kätner lehnt zur Tür hinaus,
Behaglich blinzelnd nach den Bienen;
Sein Junge auf dem Stein davor
Schnitzt Pfeifen sich aus Kälberrohr.

Kaum zittert durch die Mittagsruh
Ein Schlag der Dorfuhr, der entfernten;
Dem Alten fällt die Wimper zu,
Er träumt von seinen Honigernten.
– Kein Klang der aufgeregten Zeit
Drang noch in diese Einsamkeit.

Die Stadt

Am grauen Strand, am grauen Meer
Und seitab liegt die Stadt;
Der Nebel drückt die Dächer schwer,
Und durch die Stille braust das Meer
Eintönig um die Stadt.

Es rauscht kein Wald, es schlägt im Mai
Kein Vogel ohn' Unterlaß;
Die Wandergans mit hartem Schrei
Nur fliegt in Herbstesnacht vorbei,
Am Strande weht das Gras.

Doch hängt mein ganzes Herz an dir,
Du graue Stadt am Meer;
Der Jugend Zauber für und für
Ruht lächelnd doch auf dir, auf dir,
Du graue Stadt am Meer.

Elisabeth

Meine Mutter hat's gewollt,
Den Andern ich nehmen sollt';
Was ich zuvor besessen,
Mein Herz sollt' es vergessen;
Das hat es nicht gewollt.

Meine Mutter klag' ich an,
Sie hat nicht wohlgetan;
Was sonst in Ehren stünde,
Nun ist es worden Sünde.
Was fang' ich an!

Für all' mein Stolz und Freud'
Gewonnen hab' ich Leid.
Ach, wär' das nicht geschehen,
Ach, könnt' ich betteln gehen
Über die braune Heid'!

Lied des Harfenmädchens

Heute, nur heute
Bin ich so schön;
Morgen, ach morgen
Muß Alles vergehn!
Nur diese Stunde
Bist du noch mein;
Sterben, ach sterben
Soll ich allein.

Ein grünes Blatt

Ein Blatt aus sommerlichen Tagen,
Ich nahm es so im Wandern mit,
Auf daß es einst mir möge sagen,
Wie laut die Nachtigall geschlagen,
Wie grün der Wald, den ich durchschritt.

Hyazinthen

Fern hallt Musik; doch hier ist stille Nacht,
Mit Schlummerduft anhauchen mich die Pflanzen;
Ich habe immer, immer dein gedacht,
Ich möchte schlafen; aber du mußt tanzen.

Es hört nicht auf, es ras't ohn' Unterlaß;
Die Kerzen brennen und die Geigen schreien,
Es teilen und es schließen sich die Reihen,
Und Alle glühen; aber du bist blaß.

Und du mußt tanzen; fremde Arme schmiegen
Sich an dein Herz; o leide nicht Gewalt!
Ich seh' dein weißes Kleid vorüberfliegen
Und deine leichte, zärtliche Gestalt. – –

Und süßer strömend quillt der Duft der Nacht
Und träumerischer aus dem Kelch der Pflanzen.
Ich habe immer, immer dein gedacht;
Ich möchte schlafen; aber du mußt tanzen.

Wer je gelebt in Liebesarmen

Wer je gelebt in Liebesarmen,
Der kann im Leben nie verarmen;
Und müßt' er sterben fern, allein,
Er fühlte noch die sel'ge Stunde,
Wo er gelebt an ihrem Munde,
Und noch im Tode ist sie sein.

THEODOR FONTANE

Ja, das möcht' ich noch erleben

Eigentlich ist mir alles gleich,
Der eine wird arm, der andre wird reich,
Aber mit Bismarck – was wird das noch geben?
Das mit Bismarck, das möcht'. ich noch erleben.

Eigentlich ist alles so so,
Heute traurig, morgen froh,
Frühling, Sommer, Herbst und Winter,
Ach, es ist nicht viel dahinter.
Aber mein Enkel, so viel ist richtig,
Wird mit nächstem vorschulpflichtig,
Und in etwa vierzehn Tagen
Wird er eine Mappe tragen,
Löschblätter will ich ins Heft ihm kleben –
Ja, das möcht' ich noch erleben.

Eigentlich ist alles nichts,
Heute hält's, und morgen bricht's,
Hin stirbt alles, ganz geringe
Wird der Wert der ird'schen Dinge;
Doch wie tief herabgestimmt
Auch das Wünschen Abschied nimmt,
Immer klingt es noch daneben:
Ja, das möcht' ich noch erleben.

An meinem Fünfundsiebzigsten

Hundert Briefe sind angekommen,
Ich war vor Freude wie benommen,
Nur etwas verwundert über die Namen
Und über die Plätze, woher sie kamen.

Ich dachte, von Eitelkeit eingesungen:
Du bist der Mann der »Wanderungen«,
Du bist der Mann der märk'schen Geschichte,
Du bist der Mann der märk'schen Gedichte,
Du bist der Mann des Alten Fritzen
Und derer, die mit ihm bei Tafel sitzen,
Einige plaudern, andre stumm,
Erst in Sanssouci, dann in Elysium;
Du bist der Mann der Jagow und Lochow,
Der Stechow und Bredow, der Quitzow und Rochow,
Du kanntest keine größeren Meriten,
Als die von Schwerin und vom alten Zieten,
Du fand'st in der Welt nichts so zu rühmen,
Als Oppen und Groeben und Kracht und Thümen,
An der Schlachten und meiner Begeisterung Spitze
Marschierten die Pfuels und Itzenplitze,
Marschierten aus Uckermark, Havelland, Barnim,
Die Ribbecks und Kattes, die Bülow und Arnim,
Marschierten die Treskows und Schlieffen und Schlieben –
Und über alle hab' ich geschrieben.

Aber die zum Jubeltag da kamen,
Das waren doch sehr, sehr andre Namen,
Auch »sans peur et reproche«, ohne Furcht und Tadel,
Aber fast schon von prähistorischem Adel;
Die auf »berg« und auf »heim« sind gar nicht zu fassen,
Sie stürmen ein in ganzen Massen,

Meyers kommen in Bataillonen,
Auch Pollacks, und die noch östlicher wohnen;
Abram, Isack, Israel,
Alle Patriarchen sind zur Stell',
Stellen mich freundlich an ihre Spitze,
Was sollen mir da noch die Itzenplitze!
Jedem bin ich was gewesen,
Alle haben sie mich gelesen,
Alle kannten mich lange schon,
Und das ist die Hauptsache ... »kommen Sie, Cohn«.

Schlaf

Nun trifft es mich, wie's jeden traf,
Ich liege wach, es meidet mich der Schlaf,
Nur im Vorbeigehn flüstert er mir zu:
»Sei nicht in Sorg', ich sammle deine Ruh,
Und tret' ich ehstens wieder in dein Haus,
So zahl' ich alles dir auf einmal aus.«

GOTTFRIED KELLER

Winternacht

Nicht ein Flügelschlag ging durch die Welt,
Still und blendend lag der weiße Schnee.
Nicht ein Wölklein hing am Sternenzelt,
Keine Welle schlug im starren See.

Aus der Tiefe stieg der Seebaum auf,
Bis sein Wipfel in dem Eis gefror;
An den Ästen klomm die Nix herauf,
Schaute durch das grüne Eis empor.

Auf dem dünnen Glase stand ich da,
Das die schwarze Tiefe von mir schied;
Dicht ich unter meinen Füßen sah
Ihre weiße Schönheit Glied um Glied.

Mit ersticktem Jammer tastet' sie
An der harten Decke her und hin,
Ich vergess' das dunkle Antlitz nie,
Immer, immer liegt es mir im Sinn!

CONRAD FERDINAND MEYER

Zwei Segel

Zwei Segel erhellend
Die tiefblaue Bucht!
Zwei Segel sich schwellend
Zu ruhiger Flucht!

Wie eins in den Winden
Sich wölbt und bewegt,
Wird auch das Empfinden
Des andern erregt.

Begehrt eins zu hasten,
Das andre geht schnell,
Verlangt eins zu rasten,
Ruht auch sein Gesell.

Der römische Brunnen

Aufsteigt der Strahl und fallend gießt
Er voll der Marmorschale Rund,
Die, sich verschleiernd, überfließt
In einer zweiten Schale Grund;
Die zweite gibt, sie wird zu reich,
Der dritten wallend ihre Flut,
Und jede nimmt und gibt zugleich
      Und strömt und ruht.

WILHELM BUSCH

Es sitzt ein Vogel auf dem Leim

Es sitzt ein Vogel auf dem Leim,
Er flattert sehr und kann nicht heim.
Ein schwarzer Kater schleicht herzu,
Die Krallen scharf, die Augen gluh.
Am Baum hinauf und immer höher
Kommt er dem armen Vogel näher.

Der Vogel denkt: Weil das so ist
Und weil mich doch der Kater frißt,
So will ich keine Zeit verlieren,
Will noch ein wenig quinquilieren
Und lustig pfeifen wie zuvor.
Der Vogel, scheint mir, hat Humor.

DETLEV VON LILIENCRON

Einen Sommer lang

Zwischen Roggenfeld und Hecken
Führt ein schmaler Gang;
Süßes, seliges Verstecken
Einen Sommer lang.

Wenn wir uns von ferne sehen,
Zögert sie den Schritt,
Rupft ein Hälmchen sich im Gehen,
Nimmt ein Blättchen mit.

Hat mit Ähren sich das Mieder
Unschuldig geschmückt,
Sich den Hut verlegen nieder
In die Stirn gerückt.

Finster kommt sie langsam näher,
Färbt sich rot wie Mohn;
Doch ich bin ein feiner Späher,
Kenn die Schelmin schon.

Noch ein Blick in Weg und Weite,
Ruhig liegt die Welt,
Und es hat an ihre Seite
Mich der Sturm gesellt.

Zwischen Roggenfeld und Hecken
Führt ein schmaler Gang;
Süßes, seliges Verstecken
Einen Sommer lang.

RICARDA HUCH

Mein Herz, mein Löwe

Mein Herz, mein Löwe, hält seine Beute fest,
Sein Geliebtes fest in den Fängen,
Aber Gehaßtes gibt es auch,
Das er niemals entläßt
Bis zum letzten Hauch,
Was immer die Jahre verhängen.
Es gibt Namen, die beflecken
Die Lippen, die sie nennen,
Die Erde mag sie nicht decken,
Die Flamme mag sie nicht brennen.
Der Engel, gesandt, den Verbrecher
Mit der Gnade von Gott zu betauen,
Wendet sich ab voll Grauen
Und wird zum zischenden Rächer.
Und hätte Gott selbst so viel Huld,
Zu waschen die blutrote Schuld,
Bis der Schandfleck verblaßte, –
Mein Herz wird hassen, was es haßte,
Mein Herz hält fest seine Beute,
Daß keiner dran künstle und deute,
Daß kein Lügner schminke das Böse,
Verfluchtes vom Fluche löse.

Wo *hast du all die Schönheit hergenommen*

Wo hast du all die Schönheit hergenommen,
Du Liebesangesicht, du Wohlgestalt!
Um dich ist alle Welt zu kurz gekommen.
Weil du die Jugend hast, wird alles alt,
Weil du das Leben hast, muß alles sterben,
Weil du die Kraft hast, ist die Welt kein Hort,
Weil du vollkommen bist, ist sie ein Scherben,
Weil du der Himmel bist, gibts keinen dort!

RICHARD BEER-HOFMANN

Schlaflied für Mirjam

Schlaf, mein Kind – schlaf, es ist spät!
Sieh, wie die Sonne zur Ruhe dort geht,
Hinter den Bergen stirbt sie im Rot.
Du – du weißt nichts von Sonne und Tod,
Wendest die Augen zum Licht und zum Schein –
Schlaf, es sind soviel Sonnen noch dein,
Schlaf, mein Kind – mein Kind, schlaf ein!

Schlaf, mein Kind – der Abendwind weht.
Weiß man, woher er kommt, wohin er geht?
Dunkel, verborgen die Wege hier sind,
Dir und auch mir und uns allen, mein Kind!
Blinde – so gehn wir und gehen allein,
Keiner kann keinem Gefährte hier sein –
Schlaf, mein Kind – mein Kind, schlaf ein!

Schlaf, mein Kind, und horch nicht auf mich!
Sinn hat's für mich nur, und Schall ist's für dich.
Schall nur, wie Windeswehn, Wassergerinn,
Worte – vielleicht eines Lebens Gewinn!
Was ich gewonnen, gräbt mit mir man ein,
Keiner kann keinem ein Erbe hier sein –
Schlaf mein Kind – mein Kind, schlaf ein!

Schläfst du, Mirjam? Mirjam, mein Kind,
Ufer nur sind wir, und tief in uns rinnt
Blut von Gewesenen – zu Kommenden rollt's,
Blut unsrer Väter, voll Unruh und Stolz.
In uns sind alle. Wer fühlt sich allein?
Du bist ihr Leben – ihr Leben ist dein –
Mirjam, mein Leben, mein Kind – schlaf ein!

Ich sehnte mich nach Mutterlieb'
Und Vaterwort und Frühlingsspielen,
Den Fluch, der mich durch's Leben trieb,
Begann ich, da er bei mir blieb,
Wie einen treuen Feind zu lieben.

Nun blühn die Bäume seidenfein
Und Liebe duftet von den Zweigen.
Du musst mir Mutter und Vater sein
Und Frühlingsspiel und Schätzelein!
– – Und ganz mein Eigen …

Weltende

Es ist ein Weinen in der Welt,
als ob der liebe Gott gestorben wär,
und der bleierne Schatten, der niederfällt,
lastet grabesschwer.

Komm, wir wollen uns näher verbergen …
Das Leben liegt in aller Herzen
wie in Särgen.

Du, wir wollen uns tief küssen …
Es pocht eine Sehnsucht an die Welt,
an der wir sterben müssen.

Ein Liebeslied

Komm zu mir in der Nacht – wir schlafen engverschlungen.
Müde bin ich sehr, vom Wachen einsam.
Ein fremder Vogel hat in dunkler Frühe schon gesungen,
Als noch mein Traum mit sich und mir gerungen.

Es öffnen Blumen sich vor allen Quellen
Und färben sich mit deiner Augen Immortellen .....

Komm zu mir in der Nacht auf Siebensternenschuhen
Und Liebe eingehüllt spät in mein Zelt.
Es steigen Monde aus verstaubten Himmelstruhen.

Wir wollen wie zwei seltene Tiere liebesruhen
Im hohen Rohre hinter dieser Welt.

FELIX DÖRMANN

Was ich liebe

Ich liebe die hektischen, schlanken
Narzissen mit blutrotem Mund;
Ich liebe die Qualengedanken,
Die Herzen zerstochen und wund;

Ich liebe die Fahlen und Bleichen,
Die Frauen mit müdem Gesicht,
Aus welchen in flammenden Zeichen,
Verzehrende Sinnenglut spricht;

Ich liebe die schillernden Schlangen,
So schmiegsam und biegsam und kühl:
Ich liebe die klagenden, bangen,
Die Lieder von Todesgefühl;

Ich liebe die herzlosen, grünen
Smaragde vor jedem Gestein;
Ich liebe die gelblichen Dünen
Im bläulichen Mondenschein;

Ich liebe die glutendurchtränkten,
Die Düfte, berauschend und schwer;
Die Wolken, die blitzedurchsengten,
Das graue wutschäumende Meer;

Ich liebe, was niemand erlesen,
Was keinem zu lieben gelang:
Mein eigenes, urinnerstes Wesen
Und alles, was seltsam und krank.

CHRISTIAN MORGENSTERN

Das Huhn

In der Bahnhofhalle, nicht für es gebaut,
geht ein Huhn
hin und her ...
Wo, wo ist der Herr Stationsvorsteh'r?

Wird dem Huhn
man nichts tun?
Hoffen wir es! Sagen wir es laut:
daß ihm unsre Sympathie gehört,
selbst an dieser Stätte, wo es – »stört«!

Das ästhetische Wiesel

Ein Wiesel
saß auf einem Kiesel
inmitten Bachgeriesel.

Wißt ihr,
weshalb

Das Mondkalb
verriet es mir
im stillen:

Das raffinier-
te Tier
tats um des Reimes willen.

Die unmögliche Tatsache

Palmström, etwas schon an Jahren,
wird an einer Straßenbeuge
und von einem Kraftfahrzeuge
überfahren.

»Wie war« (spricht er, sich erhebend
und entschlossen weiterlebend)
»möglich, wie dies Unglück, ja –:
daß es überhaupt geschah?

Ist die Staatskunst anzuklagen
in bezug auf Kraftfahrwagen?
Gab die Polizeivorschrift
hier dem Fahrer freie Trift?

Oder war vielmehr verboten,
hier Lebendige zu Toten
umzuwandeln, – kurz und schlicht:
Durfte hier der Kutscher nicht –?«

Eingehüllt in feuchte Tücher,
prüft er die Gesetzesbücher
und ist alsobald im klaren:
Wagen durften dort nicht fahren!

Und er kommt zu dem Ergebnis:
»Nur ein Traum war das Erlebnis.
Weil«, so schließt er messerscharf,
»nicht sein *kann*, was nicht sein *darf*.«

Ein Lächeln irrt verflogen

Ein Lächeln irrt verflogen
durch einen lauten Saal,
bis es auf einem Bogen
von schillerndem Opal
sein kleines Leben endet,
den letzten Blick noch matt
zu der herabgewendet,
die es verloren hat.

Agonien, Episoden ...
Manche hören zu, nicht alle ...
Manche träumen, manche lachen,
Manche essen Eis ... und manche
Sprechen sehr galante Dinge ...
... Nelken wiegen sich im Winde,
Hochgestielte weiße Nelken,
Wie ein Schwarm von weißen Faltern,
Und ein Bologneserhündchen
Bellt verwundert einen Pfau an.

Vorfrühling

Es läuft der Frühlingswind
Durch kahle Alleen,
Seltsame Dinge sind
In seinem Wehn.

Er hat sich gewiegt,
Wo Weinen war,
Und hat sich geschmiegt
In zerrüttetes Haar.

Er schüttelte nieder
Akazienblüten
Und kühlte die Glieder,
Die atmend glühten.

Lippen im Lachen
Hat er berührt,
Die weichen und wachen
Fluren durchspürt.

Er glitt durch die Flöte
Als schluchzender Schrei,
An dämmernder Röte
Flog er vorbei.

Er flog mit Schweigen
Durch flüsternde Zimmer
Und löschte im Neigen
Der Ampel Schimmer.

Es läuft der Frühlingswind
Durch kahle Alleen,
Seltsame Dinge sind
In seinem Wehn.

Durch die glatten
Kahlen Alleen
Treibt sein Wehn
Blasse Schatten

Und den Duft,
Den er gebracht,
Von wo er gekommen
Seit gestern nacht.

Aus: Terzinen über Vergänglichkeit

I

Noch spür ich ihren Atem auf den Wangen:
Wie kann das sein, daß diese nahen Tage
Fort sind, für immer fort, und ganz vergangen?

Dies ist ein Ding, das keiner voll aussinnt,
Und viel zu grauenvoll, als daß man klage:
Daß alles gleitet und vorüberrinnt

Und daß mein eignes Ich, durch nichts gehemmt,
Herüberglitt aus einem kleinen Kind
Mir wie ein Hund unheimlich stumm und fremd.

Dann: daß ich auch vor hundert Jahren war
Und meine Ahnen, die im Totenhemd,
Mit mir verwandt sind wie mein eignes Haar,

So eins mit mir als wie mein eignes Haar.

III

Wir sind aus solchem Zeug, wie das zu Träumen,
Und Träume schlagen so die Augen auf
Wie kleine Kinder unter Kirschenbäumen,

Aus deren Krone den blaßgoldnen Lauf
Der Vollmond anhebt durch die große Nacht.
... Nicht anders tauchen unsre Träume auf,

Sind da und leben wie ein Kind, das lacht,
Nicht minder groß im Auf- und Niederschweben
Als Vollmond, aus Baumkronen aufgewacht.

Das Innerste ist offen ihrem Weben,
Wie Geisterhände in versperrtem Raum
Sind sie in uns und haben immer Leben.

Und drei sind Eins: ein Mensch, ein Ding, ein Traum.

Ballade des äußeren Lebens

Und Kinder wachsen auf mit tiefen Augen,
Die von nichts wissen, wachsen auf und sterben,
Und alle Menschen gehen ihre Wege.

Und süße Früchte werden aus den herben
Und fallen nachts wie tote Vögel nieder
Und liegen wenig Tage und verderben.

Und immer weht der Wind, und immer wieder
Vernehmen wir und reden viele Worte
Und spüren Lust und Müdigkeit der Glieder.

Und Straßen laufen durch das Gras, und Orte
Sind da und dort, voll Fackeln, Bäumen, Teichen,
Und drohende, und totenhaft verdorrte ...

Wozu sind diese aufgebaut? und gleichen
Einander nie? und sind unzählig viele?
Was wechselt Lachen, Weinen und Erbleichen?

Was frommt das alles uns und diese Spiele,
Die wir doch groß und ewig einsam sind
Und wandernd nimmer suchen irgend Ziele?

Was frommts, dergleichen viel gesehen haben?
Und dennoch sagt der viel, der ›Abend‹ sagt,
Ein Wort, daraus Tiefsinn und Trauer rinnt

Wie schwerer Honig aus den hohlen Waben.

Manche freilich …

Manche freilich müssen drunten sterben,
Wo die schweren Ruder der Schiffe streifen,
Andre wohnen bei dem Steuer droben,
Kennen Vogelflug und die Länder der Sterne.

Manche liegen immer mit schweren Gliedern
Bei den Wurzeln des verworrenen Lebens,
Andern sind die Stühle gerichtet
Bei den Sibyllen, den Königinnen,
Und da sitzen sie wie zu Hause,
Leichten Hauptes und leichter Hände.

Doch ein Schatten fällt von jenen Leben
In die anderen Leben hinüber,
Und die leichten sind an die schweren
Wie an Luft und Erde gebunden:

Ganz vergessener Völker Müdigkeiten
Kann ich nicht abtun von meinen Lidern,
Noch weghalten von der erschrockenen Seele
Stummes Niederfallen ferner Sterne.

Viele Geschicke weben neben dem meinen,
Durcheinander spielt sie alle das Dasein,
Und mein Teil ist mehr als dieses Lebens
Schlanke Flamme oder schmale Leier.

Lebenslied

Den Erben laß verschwenden
An Adler, Lamm und Pfau
Das Salböl aus den Händen
Der toten alten Frau!
Die Toten, die entgleiten,
Die Wipfel in dem Weiten –
Ihm sind sie wie das Schreiten
Der Tänzerinnen wert!

Er geht wie den kein Walten
Vom Rücken her bedroht.
Er lächelt, wenn die Falten
Des Lebens flüstern: Tod!
Ihm bietet jede Stelle
Geheimnisvoll die Schwelle;
Es gibt sich jeder Welle
Der Heimatlose hin.

Der Schwarm von wilden Bienen
Nimmt seine Seele mit;
Das Singen von Delphinen
Beflügelt seinen Schritt:
Ihn tragen alle Erden
Mit mächtigen Gebärden.
Der Flüsse Dunkelwerden
Begrenzt den Hirtentag!

Das Salböl aus den Händen
Der toten alten Frau
Laß lächelnd ihn verschwenden
An Adler, Lamm und Pfau:
Er lächelt der Gefährten. –

Die schwebend unbeschwerten
Abgründe und die Gärten
Des Lebens tragen ihn.

Die beiden

Sie trug den Becher in der Hand
– Ihr Kinn und Mund glich seinem Rand –,
So leicht und sicher war ihr Gang,
Kein Tropfen aus dem Becher sprang.

So leicht und fest war seine Hand:
Er ritt auf einem jungen Pferde,
Und mit nachlässiger Gebärde
Erzwang er, daß es zitternd stand.

Jedoch, wenn er aus ihrer Hand
Den leichten Becher nehmen sollte,
So ward es beiden allzu schwer.
Denn beide bebten sie so sehr,
Daß keine Hand die andre fand
Und dunkler Wein am Boden rollte.

RAINER MARIA RILKE

Herbsttag

Herr: es ist Zeit. Der Sommer war sehr groß.
Leg deinen Schatten auf die Sonnenuhren,
und auf den Fluren laß die Winde los.

Befiehl den letzten Früchten voll zu sein;
gieb ihnen noch zwei südlichere Tage,
dränge sie zur Vollendung hin und jage
die letzte Süße in den schweren Wein.

Wer jetzt kein Haus hat, baut sich keines mehr.
Wer jetzt allein ist, wird es lange bleiben,
wird wachen, lesen, lange Briefe schreiben
und wird in den Alleen hin und her
unruhig wandern, wenn die Blätter treiben.

Der Panther

Im Jardin des Plantes, Paris

Sein Blick ist vom Vorübergehn der Stäbe
so müd geworden, daß er nichts mehr hält.
Ihm ist, als ob es tausend Stäbe gäbe
und hinter tausend Stäben keine Welt.

Der weiche Gang geschmeidig starker Schritte,
der sich im allerkleinsten Kreise dreht,
ist wie ein Tanz von Kraft um eine Mitte,
in der betäubt ein großer Wille steht.

Nur manchmal schiebt der Vorhang der Pupille
sich lautlos auf –. Dann geht ein Bild hinein,
geht durch der Glieder angespannte Stille –
und hört im Herzen auf zu sein.

Die Erblindende

Sie saß so wie die anderen beim Tee.
Mir war zuerst, als ob sie ihre Tasse
ein wenig anders als die andern fasse.
Sie lächelte einmal. Es tat fast weh.

Und als man schließlich sich erhob und sprach
und langsam und wie es der Zufall brachte
durch viele Zimmer ging (man sprach und lachte),
da sah ich sie. Sie ging den andern nach,

verhalten, so wie eine, welche gleich
wird singen müssen und vor vielen Leuten;
auf ihren hellen Augen die sich freuten
war Licht von außen wie auf einem Teich.

Sie folgte langsam und sie brauchte lang
als wäre etwas noch nicht überstiegen;
und doch: als ob, nach einem Übergang,
sie nicht mehr gehen würde, sondern fliegen.

Abschied

Wie hab ich das gefühlt was Abschied heißt.
Wie weiß ichs noch: ein dunkles unverwundnes
grausames Etwas, das ein Schönverbundnes
noch einmal zeigt und hinhält und zerreißt.

Wie war ich ohne Wehr, dem zuzuschauen,
das, da es mich, mich rufend, gehen ließ,
zurückblieb, so als wärens alle Frauen
und dennoch klein und weiß und nichts als dies:

Ein Winken, schon nicht mehr auf mich bezogen,
ein leise Weiterwinkendes –, schon kaum
erklärbar mehr: vielleicht ein Pflaumenbaum,
von dem ein Kuckuck hastig abgeflogen.

Römische Fontäne

Borghese

Zwei Becken, eins das andre übersteigend
aus einem alten runden Marmorrand,
und aus dem oberen Wasser leis sich neigend
zum Wasser, welches unten wartend stand,

dem leise redenden entgegenschweigend
und heimlich, gleichsam in der hohlen Hand,
ihm Himmel hinter Grün und Dunkel zeigend
wie einen unbekannten Gegenstand;

sich selber ruhig in der schönen Schale
verbreitend ohne Heimweh, Kreis aus Kreis,
nur manchmal träumerisch und tropfenweis

sich niederlassend an den Moosbehängen
zum letzten Spiegel, der sein Becken leis
von unten lächeln macht mit Übergängen.

Das Karussell

Jardin du Luxembourg

Mit einem Dach und seinem Schatten dreht
sich eine kleine Weile der Bestand
von bunten Pferden, alle aus dem Land,
das lange zögert, eh es untergeht.
Zwar manche sind an Wagen angespannt,
doch alle haben Mut in ihren Mienen;
ein böser roter Löwe geht mit ihnen
und dann und wann ein weißer Elefant.

Sogar ein Hirsch ist da, ganz wie im Wald,
nur daß er einen Sattel trägt und drüber
ein kleines blaues Mädchen aufgeschnallt.

Und auf dem Löwen reitet weiß ein Junge
und hält sich mit der kleinen heißen Hand,
dieweil der Löwe Zähne zeigt und Zunge.

Und dann und wann ein weißer Elefant.

Und auf den Pferden kommen sie vorüber,
auch Mädchen, helle, diesem Pferdesprunge
fast schon entwachsen; mitten in dem Schwunge
schauen sie auf, irgendwohin, herüber –

Und dann und wann ein weißer Elefant.

Und das geht hin und eilt sich, daß es endet,
und kreist und dreht sich nur und hat kein Ziel.
Ein Rot, ein Grün, ein Grau vorbeigesendet,
ein kleines kaum begonnenes Profil –.

Und manchesmal ein Lächeln, hergewendet,
ein seliges, das blendet und verschwendet
an dieses atemlose blinde Spiel ...

Archaïscher Torso Apollos

Wir kannten nicht sein unerhörtes Haupt,
darin die Augenäpfel reiften. Aber
sein Torso glüht noch wie ein Kandelaber,
in dem sein Schauen, nur zurückgeschraubt,

sich hält und glänzt. Sonst könnte nicht der Bug
der Brust dich blenden, und im leisen Drehen
der Lenden könnte nicht ein Lächeln gehen
zu jener Mitte, die die Zeugung trug.

Sonst stünde dieser Stein entstellt und kurz
unter der Schultern durchsichtigem Sturz
und flimmerte nicht so wie Raubtierfelle;

und bräche nicht aus allen seinen Rändern
aus wie ein Stern: denn da ist keine Stelle,
die dich nicht sieht. Du mußt dein Leben ändern.

Leda

Als ihn der Gott in seiner Not betrat,
erschrak er fast, den Schwan so schön zu finden;
er ließ sich ganz verwirrt in ihm verschwinden.
Schon aber trug ihn sein Betrug zur Tat,

bevor er noch des unerprobten Seins
Gefühle prüfte. Und die Aufgetane

erkannte schon den Kommenden im Schwane
und wußte schon: er bat um Eins,

das sie, verwirrt in ihrem Widerstand,
nicht mehr verbergen konnte. Er kam nieder
und halsend durch die immer schwächre Hand

ließ sich der Gott in die Geliebte los.
Dann erst empfand er glücklich sein Gefieder
und wurde wirklich Schwan in ihrem Schooß.

Die Flamingos

Jardin des Plantes, Paris

In Spiegelbildern wie von Fragonard
ist doch von ihrem Weiß und ihrer Röte
nicht mehr gegeben, als dir einer böte,
wenn er von seiner Freundin sagt: sie war

noch sanft von Schlaf. Denn steigen sie ins Grüne
und stehn, auf rosa Stielen leicht gedreht,
beisammen; blühend, wie in einem Beet,
verführen sie verführender als Phryne

sich selbst; bis sie ihres Augen Bleiche
hinhalsend bergen in der eignen Weiche,
in welcher Schwarz und Fruchtrot sich versteckt.

Auf einmal kreischt ein Neid durch die Volière;
sie aber haben sich erstaunt gestreckt
und schreiten einzeln ins Imaginäre.

Rose, oh reiner Widerspruch

Rose, oh reiner Widerspruch, Lust,
Niemandes Schlaf zu sein unter soviel
Lidern.

HERMANN HESSE

Im Nebel

Seltsam, im Nebel zu wandern!
Einsam ist jeder Busch und Stein,
Kein Baum sieht den andern,
Jeder ist allein.

Voll von Freunden war mir die Welt,
Als noch mein Leben licht war;
Nun, da der Nebel fällt,
Ist keiner mehr sichtbar.

Wahrlich, keiner ist weise,
Der nicht das Dunkel kennt,
Das unentrinnbar und leise
Von allen ihn trennt.

Seltsam, im Nebel zu wandern!
Leben ist Einsamsein.
Kein Mensch kennt den andern,
Jeder ist allein.

JOACHIM RINGELNATZ

Bumerang

War einmal ein Bumerang;
War ein weniges zu lang.
Bumerang flog ein Stück,
Aber kam nicht mehr zurück.
Publikum – noch stundenlang –
Wartete auf Bumerang.

GOTTFRIED BENN

Auf deine Lider senk ich Schlummer

Auf deine Lider senk ich Schlummer,
auf deine Lippen senk ich Kuß,
indessen ich die Nacht, den Kummer,
den Traum alleine tragen muß.

Um deine Züge leg ich Trauer,
um deine Züge leg ich Lust,
indes die Nacht, die Todesschauer
weben allein durch meine Brust.

Du, die zu schwach, um tief zu geben,
du, die nicht trüge, wie ich bin –
drum muß ich abends mich erheben
und sende Kuß und Schlummer hin.

Einsamer nie –

Einsamer nie als im August:
Erfüllungsstunde – im Gelände
die roten und die goldenen Brände
doch wo ist deiner Gärten Lust?

Die Seen hell, die Himmel weich,
die Äcker rein und glänzen leise,
doch wo sind Sieg und Siegsbeweise
aus dem von dir vertretenen Reich?

Wo alles sich durch Glück beweist
und tauscht den Blick und tauscht die Ringe

im Weingeruch, im Rausch der Dinge –:
dienst du dem Gegenglück, dem Geist.

Kommt –

Kommt, reden wir zusammen
wer redet, ist nicht tot,
es züngeln doch die Flammen
schon sehr um unsere Not.

Kommt, sagen wir: die Blauen,
kommt, sagen wir: das Rot,
wir hören, lauschen, schauen
wer redet, ist nicht tot.

Allein in deiner Wüste,
in deinem Gobigraun –
du einsamst, keine Büste,
kein Zwiespruch, keine Fraun,

und schon so nah den Klippen,
du kennst dein schwaches Boot –
kommt, öffnet doch die Lippen,
wer redet, ist nicht tot.

Letzter Frühling

Nimm die Forsythien tief in dich hinein
und wenn der Flieder kommt, vermisch auch diesen
mit deinem Blut und Glück und Elendsein,
dem dunklen Grund, auf den du angewiesen.

Langsame Tage. Alles überwunden.
Und fragst du nicht, ob Ende, ob Beginn,
dann tragen dich vielleicht die Stunden
noch bis zum Juni mit den Rosen hin.

Nur zwei Dinge

Durch so viel Formen geschritten,
durch Ich und Wir und Du,
doch alles blieb erlitten
durch die ewige Frage: wozu?

Das ist eine Kinderfrage.
Dir wurde erst spät bewußt,
es gibt nur eines: ertrage
– ob Sinn, ob Sucht, ob Sage –
dein fernbestimmtes: Du mußt.

Ob Rosen, ob Schnee, ob Meere,
was alles erblühte, verblich,
es gibt nur zwei Dinge: die Leere
und das gezeichnete Ich.

GEORG HEYM

Ophelia

I

Im Haar ein Nest von jungen Wasserratten,
Und die beringten Hände auf der Flut
Wie Flossen, also treibt sie durch den Schatten
Des großen Urwalds, der im Wasser ruht.

Die letzte Sonne, die im Dunkel irrt,
Versenkt sich tief in ihres Hirnes Schrein.
Warum sie starb? Warum sie so allein
Im Wasser treibt, das Farn und Kraut verwirrt?

Im dichten Röhricht steht der Wind. Er scheucht
Wie eine Hand die Fledermäuse auf.
Mit dunklem Fittich, von dem Wasser feucht
Stehn sie wie Rauch im dunklen Wasserlauf,

Wie Nachtgewölk. Ein langer, weißer Aal
Schlüpft über ihre Brust. Ein Glühwurm scheint
Auf ihrer Stirn. Und eine Weide weint
Das Laub auf sie und ihre stumme Qual.

Im kurzen Abend

Im kurzen Abend. Voll Wind ist die Stunde,
Und die Röte so tief und winterlich klein.
Unsere Hand, die sich zagend gefunden,
Bald wird sie frieren und einsam sein.

Und die Sterne sind hoch in verblassenden Weiten
Wenige erst, auseinander gerückt.
Unsere Pfade sind dunkel, und Weiden breiten
Ihre Schatten darauf, in Trauer gebückt.

Schilf rauschet uns. Und die Irrwische scheinen,
Die wir ein dunkeles Schicksal erlost.
Behüte dein Herz, dann wird es nicht weinen
Unter dem fallenden Jahr ohne Trost.

Was dich schmerzet, ich sag es im Bösen.
Und uns quälet ein fremdes Wort.
Unsere Hände werden im Dunkel sich lösen,
und mein Herz wird sein wie ein kahler Ort.

Fröhlichkeit

Es rauscht und saust von großen Karussellen
Wie Sonnen flammend in den Nachmittagen.
Und tausend Leute sehen mit Behagen,
Wie sich Kamele drehn und Rosse schnelle,

Die weißen Schwäne und die Elefanzen,
Und einer hebt vor Freude schon das Bein
Und grunzt im schwarzen Bauche wie ein Schwein,
Und alle Tiere fangen an zu tanzen.

Doch nebenan, im Himmelslicht, dem hellen,
Gehen die Maurer rund, wie Läuse klein,
Hoch ums Gerüst, ein feuriger Verein,
Und schlagen Takt mit ihren Maurerkellen.

JAKOB VAN HODDIS

Weltende

Dem Bürger fliegt vom spitzen Kopf der Hut,
In allen Lüften hallt es wie Geschrei.
Dachdecker stürzen ab und gehn entzwei
Und an den Küsten – liest man – steigt die Flut.

Der Sturm ist da, die wilden Meere hupfen
An Land, um dicke Dämme zu zerdrücken.
Die meisten Menschen haben einen Schnupfen.
Die Eisenbahnen fallen von den Brücken.

GEORG TRAKL

Grodek

Am Abend tönen die herbstlichen Wälder
Von tödlichen Waffen, die goldnen Ebenen
Und blauen Seen, darüber die Sonne
Düstrer hinrollt; umfängt die Nacht
Sterbende Krieger, die wilde Klage
Ihrer zerbrochenen Münder.
Doch stille sammelt im Weidengrund
Rotes Gewölk, darin ein zürnender Gott wohnt
Das vergoßne Blut sich, mondne Kühle;
Alle Straßen münden in schwarze Verwesung.
Unter goldnem Gezweig der Nacht und Sternen
Es schwankt der Schwester Schatten durch den schweigenden
                                                    Hain,
Zu grüßen die Geister der Helden, die blutenden Häupter;
Und leise tönen im Rohr die dunkeln Flöten des Herbstes.
Oh stolzere Trauer! ihr ehernen Altäre
Die heiße Flamme des Geistes nährt heute ein gewaltiger Schmerz,
Die ungebornen Enkel.

Im Osten

Den wilden Orgeln des Wintersturms
Gleicht des Volkes finstrer Zorn,
Die purpurne Woge der Schlacht,
Entlaubter Sterne.

Mit zerbrochnen Brauen, silbernen Armen
Winkt sterbenden Soldaten die Nacht.
Im Schatten der herbstlichen Esche
Seufzen die Geister der Erschlagenen.

Dornige Wildnis umgürtet die Stadt.
Von blutenden Stufen jagt der Mond
Die erschrockenen Frauen.
Wilde Wölfe brachen durchs Tor.

ALFRED LICHTENSTEIN

Gebet vor der Schlacht

Inbrünstig singt die Mannschaft, jeder für sich:
Gott, behüte mich vor Unglück,
Vater, Sohn und heilger Geist,
daß mich nicht Granaten treffen,
Daß die Luder, unsre Feinde,
Mich nicht fangen, nicht erschießen,
Daß ich nicht wie'n Hund verrecke
Für das teure Vaterland.

Sieh, ich möchte gern noch leben,
Kühe melken, Mädchen stopfen
Und den Schuft, den Sepp, verprügeln,
Mich noch manches Mal besaufen
Bis zu meinem selgen Ende.
Sieh, ich bete gut und gerne
Täglich sieben Rosenkränze,
Wenn du, Gott, in deiner Gnade
Meinen Freund, den Huber oder
Meier, tötest, mich verschonst.

Aber muß ich doch dran glauben,
Laß mich nicht zu schwer verwunden.
Schick mir einen leichten Beinschuß,
Eine kleine Armverletzung,
Daß ich als ein Held zurückkehr,
Der etwas erzählen kann.

Abschied

(kurz vor der Abfahrt zum Kriegsschauplatz für Peter Scher)

Vorm Sterben mache ich noch mein Gedicht.
Still, Kameraden, stört mich nicht.

Wir ziehn zum Krieg. Der Tod ist unser Kitt.
O, heulte mir doch die Geliebte nit.

Was liegt an mir. Ich gehe gerne ein.
Die Mutter weint. Man muß aus Eisen sein.

Die Sonne fällt zum Horizont hinab.
Bald wirft man mich ins milde Massengrab.

Am Himmel brennt das brave Abendrot.
Vielleicht bin ich in dreizehn Tagen tot.

KLABUND

Liebeslied

Dein Mund, der schön geschweifte,
Dein Lächeln, das mich streifte,
Dein Blick, der mich umarmte,
Dein Schoß, der mich erwarmte,
Dein Arm, der mich umschlungen,
Dein Wort, das mich umsungen,
Dein Haar, darein ich tauchte,
Dein Atem, der mich hauchte,
Dein Herz, das wilde Fohlen,
Die Seele unverhohlen,
Die Füße, welche liefen,
Als meine Lippen riefen –:
Gehört wohl mir, ist alles meins,
Wüßt' nicht, was mir das Liebste wär',
Und gäb nicht Höll' noch Himmel her:
Eines und alles, all und eins.

Ich baumle mit de Beene

Meine Mutter liegt im Bette,
Denn sie kriegt das dritte Kind;
Meine Schwester geht zur Mette,
Weil wir so katholisch sind.
Manchmal troppt mir eine Träne
Und im Herzen pupperts schwer;
Und ich baumle mit de Beene,
Mit de Beene vor mich her.

Neulich kommt ein Herr gegangen
Mit 'nem violetten Schal,
Und er hat sich eingehangen,
Und es ging nach Jeschkenthal!
Sonntag war's. Er grinste: »Kleene,
Wa, dein Port'menée ist leer?«
Und ich baumle mit de Beene,
Mit de Beene vor mich her.

Vater sitzt zum 'zigsten Male,
Wegen »Hm« in Plötzensee,
Und sein Schatz, der schimpft sich Male,
Und der Mutter tut's so weh!
Ja, so gut wie er hat's keener,
Fressen kriegt er und noch mehr,
Und er baumelt mit de Beene,
Mit de Beene vor sich her.

Manchmal in den Vollmondnächten
Is mir gar so wunderlich:
Ob sie meinen Emil brächten,
Weil er auf dem Striche strich!
Früh um dreie krähten Hähne,
Und ein Galgen ragt, und er ...
Und er baumelt mit de Beene,
Mit de Beene vor sich her.

KURT TUCHOLSKY

Luftveränderung

Fahre mit der Eisenbahn,
fahre, Junge, fahre!
Auf dem Deck vom Wasserkahn
wehen deine Haare.

Tauch in fremde Städte ein,
lauf in fremden Gassen;
höre fremde Menschen schrein,
trink aus fremden Tassen.

Flieh Betrieb und Telefon,
grab in alten Schmökern,
sieh am Seinekai, mein Sohn,
Weisheit still verhökern.

Lauf in Afrika umher,
reite durch Oasen;
lausche auf ein blaues Meer,
hör den Mistral blasen!

Wie du auch die Welt durchflitzt
ohne Rast und Ruh –:
Hinten auf dem Puffer sitzt
du.

Ideal und Wirklichkeit

In stiller Nacht und monogamen Betten
denkst du dir aus, was dir am Leben fehlt.
Die Nerven knistern. Wenn wir das doch hätten,
was uns, weil es nicht da ist, leise quält.

  Du präparierst dir im Gedankengange
  das, was du willst – und nachher kriegst dus nie …
Man möchte immer eine große Lange,
und dann bekommt man eine kleine Dicke –
      C'est la vie –!

Sie muß sich wie in einem Kugellager
in ihren Hüften biegen, groß und blond.
Ein Pfund zu wenig – und sie wäre mager,
wer je in diesen Haaren sich gesonnt …
    Nachher erliegst du dem verfluchten Hange,
    der Eile und der Phantasie.
    Man möchte immer eine große Lange,
      und dann bekommt man eine kleine Dicke –
      Ssälawih –!

Man möchte eine helle Pfeife kaufen
und kauft die dunkle – andere sind nicht da.
Man möchte jeden Morgen dauerlaufen
und tut es nicht. Beinah … beinah …
    Wir dachten unter kaiserlichem Zwange
    an eine Republik … und nun ists die!
    Man möchte immer eine große Lange,
      und dann bekommt man eine kleine Dicke –
      Ssälawih –!

Letzte Fahrt

An meinem Todestag – ich werd ihn nicht erleben –
da soll es mittags Rote Grütze geben,
mit einer fetten, weißen Sahneschicht …
von wegen: Leibgericht.

Mein Kind, der Ludolf, bohrt sich kleine Dinger
aus seiner Nase – niemand haut ihm auf die Finger.
Er strahlt, als einziger, im Trauerhaus.
Und ich lieg da und denk: »Ach, polk dich aus!«

Dann tragen Männer mich vors Haus hinunter.
Nun faßt der Karlchen die Blondine unter,
die mir zuletzt noch dies und jenes lieh …
Sie findet: Trauer kleidet sie.

Der Zug ruckt an. Und alle Damen,
die jemals, wenn was fehlte, zu mir kamen:
vollzählig sind sie heut noch einmal da …
Und vorne rollt Papa.

Da fährt die erste, die ich damals ohne
die leiseste Erfahrung küßte – die Matrone
sitzt schlicht im Fond, mit kleinem Trauerhut.
Altmodisch war sie – aber sie war gut.

Und Lotte! Lottchen mit dem kleinen Jungen!
Briefträger jetzt! Wie ist mir der gelungen?
Ich sah ihn nie. Doch wo er immer schritt:
mein Postscheck ging durch sechzehn Jahre mit.

Auf rotem samtnen Kissen, im Spaliere,
da tragen feierlich zwei Reichswehroffiziere

die Orden durch die ganze Stadt
die mir mein Kaiser einst verliehen hat.

Und hinterm Sarg mit seinen Silberputten,
da schreiten zwoundzwonzig Nutten –
sie schluchzen innig und mit viel System.
Ich war zuletzt als Kunde sehr bequem.

Das Ganze halt! Jetzt wird es dionysisch!
Nun singt ein Chor: Ich lächle metaphysisch.
Wie wird die schwarzgestrichne Kiste groß!
Ich schweige tief.
                    Und bin mich endlich los.

Das Ideal

Ja, das möchste:
Eine Villa im Grünen mit großer Terrasse,
vorn die Ostsee, hinten die Friedrichstraße;
mit schöner Aussicht, ländlich-mondän,
vom Badezimmer ist die Zugspitze zu sehn –
aber abends zum Kino hast dus nicht weit.

Das Ganze schlicht, voller Bescheidenheit:

Neun Zimmer, – nein, doch lieber zehn!
Ein Dachgarten, wo die Eichen drauf stehn,
Radio, Zentralheizung, Vakuum,
eine Dienerschaft, gut gezogen und stumm,
eine süße Frau voller Rasse und Verve –
(und eine fürs Wochenend, zur Reserve) –,
eine Bibliothek und drumherum
Einsamkeit und Hummelgesumm.

Im Stall: Zwei Ponies, vier Vollbluthengste,
acht Autos, Motorrad – alles lenkste
natürlich selber – das wär ja gelacht!
Und zwischendurch gehst du auf Hochwildjagd.

Ja, und das hab ich ganz vergessen:
Prima Küche – erstes Essen –
alte Weine aus schönem Pokal –
und egalweg bleibst du dünn wie ein Aal.
Und Geld. Und an Schmuck eine richtige Portion.
Und noch ne Million und noch ne Million.
Und Reisen. Und fröhliche Lebensbuntheit.
Und famose Kinder. Und ewige Gesundheit.

Ja, das möchste!

Aber, wie das so ist hienieden:
manchmal scheints so, als sei es beschieden
nur pöapö, das irdische Glück.
Immer fehlt dir irgendein Stück.
Hast du Geld, dann hast du nicht Käten;
hast du die Frau, dann fehln dir Moneten –
hast du die Geisha, dann stört dich der Fächer:
bald fehlt uns der Wein, bald fehlt uns der Becher.

Etwas ist immer.
Tröste dich

Jedes Glück hat einen kleinen Stich.
Wir möchten so viel: Haben. Sein. Und gelten.
Daß einer alles hat:
das ist selten.

Danach

Es wird nach einem happy end
im Film jewöhnlich abjeblendt.
    Man sieht bloß noch in ihre Lippen
    den Helden seinen Schnurrbart stippen –
    da hat sie nu den Schentelmen.
        Na, un denn –?

Denn jehn die beeden brav ins Bett.
Na ja … diß is ja auch janz nett.
    A manchmal möcht man doch jern wissn:
    Wat tun se, wenn se sich nich kissn?
    Die könn ja doch nich imma penn …!
        Na, un denn –?

Dann säuselt im Kamin der Wind.
Denn kricht det junge Paar 'n Kind.
    Denn kocht sie Milch. Die Milch looft üba.
    Denn macht er Krach. Denn weent sie drüba.
    Denn wolllln sich bede jänzlich trenn …
        Na, un denn –?

Denn is det Kind nich uffn Damm.
Denn bleihm die beeden doch zesamm.
    Denn quäln se sich noch manche Jahre.
    Er will noch wat mit blonde Haare:
    vorn doof und hinten minorenn …
        Na, un denn –?

Denn sind se alt.
               Der Sohn haut ab.
Der Olle macht nu ooch bald schlapp.
    Vajessen Kuß und Schnurrbartzeit –

Ach, Menschenskind, wie liecht det weit!
Wie der noch scharf uff Muttern war,
det is schon beinah nich mehr wahr!
Der olle Mann denkt so zurück:
wat hat er nu von seinen Jlück?
Die Ehe war zum jrößten Teile
vabrühte Milch un Langeweile.
Und darum wird beim happy end
im Film jewöhnlich abjeblendt.

Aus!

Einmal müssen zwei auseinandergehn;
einmal will einer den andern nicht mehr verstehn – –
einmal gabelt sich jeder Weg – und jeder geht allein –
wer ist daran schuld?

Es gibt keine Schuld. Es gibt nur den Ablauf der Zeit.
Solche Straßen schneiden sich in der Unendlichkeit.
Jedes trägt den andern mit sich herum –
etwas bleibt immer zurück.

Einmal hat es euch zusammengespült,
ihr habt euch erhitzt, seid zusammengeschmolzen, und dann
erkühlt –
Ihr wart euer Kind. Jede Hälfte sinkt nun herab –:
ein neuer Mensch.

Jeder geht seinem kleinen Schicksal zu.
Leben ist Wandlung. Jedes Ich sucht ein Du.
Jeder sucht seine Zukunft. Und geht nun mit stockendem Fuß,
vorwärtsgerissen vom Willen, ohne Erklärung und ohne Gruß
in ein fernes Land.

FRANZ WERFEL

Der Dirigent

Er reicht den Violinen eine Blume
Und ladet sie mit Schmeichelblick zum Tanz.
Verzweifelt bettelt er das Blech um Glanz
Und streut den Flöten kindlich manche Krume.

Tief beugt das Knie er vor dem Heiligtume
Des Pianissimos, der Klangmonstranz;
Doch zausen Stürme seinen Schwalbenschwanz,
Wenn er das Tutti aufpeitscht, *sich* zum Ruhme.

Mit Fäusten hält er fest den Schlußakkord;
Dann harrt er, hilflos eingepflanzt am Ort,
Dem ausgekommnen Klange nachzuschaun.

Zuletzt, daß er den Beifall, dankend, rüge,
Zeigt er belästigte Erlöserzüge
Und zwingt uns, ihm noch Größres zuzutraun.

YVAN GOLL

Orpheus

Ich steig in jeden Vorortzug
In dem eine Frau mit Samthut sitzt
Und Traum um die Augen wie du!
In allen Opernhäusern such ich die Logen ab
Für jeden Dampfer nach Thule hab ich Karten:
Seit ich, Eurydike, dich verlor
Weil ich mich einmal umsah
Muß ich mich umsehn
Nach allen Frauen der Erde.

HANS LEIP

Lili Marleen

Vor der Kaserne,
vor dem großen Tor
stand eine Laterne,
und steht sie noch davor,
so wolln wir uns da wiedersehn,
bei der Laterne wolln wir stehn
wie einst, Lili Marleen.

Unsre beiden Schatten
sahn wie einer aus;
daß wir so lieb uns hatten,
das sah man gleich daraus.
Und alle Leute solln es sehn,
wenn wir bei der Laterne stehn
wie einst, Lili Marleen.

Schon rief der Posten:
Sie blasen Zapfenstreich;
es kann drei Tage kosten! –
Kamerad, ich komm ja gleich. –
Da sagten wir auf Wiedersehn,
wie gerne wollt ich mit dir gehen.
Mit dir, Lili Marleen.

Deine Schritte kennt sie,
deinen zieren Gang,
alle Abend brennt sie,
mich vergaß sie lang.
Und sollte mir ein Leids geschehn,
wer wird bei der Laterne stehn
mit dir, Lili Marleen?

Aus dem stillen Raume,
aus der Erde Grund
hebt mich wie im Traume
dein verliebter Mund.
Wenn sich die späten Nebel drehn,
werd ich bei der Laterne stehn
wie einst, Lili Marleen.

THEODOR KRAMER

Wer läutet draußen an der Tür?

Wer läutet draußen an der Tür,
kaum daß es sich erhellt?
Ich geh schon, Schatz. Der Bub hat nur
die Semmeln hingestellt.

Wer läutet draußen an der Tür?
Bleib nur; ich geh, mein Kind.
Es war ein Mann, der fragte an
beim Nachbar, wer wir sind.

Wer läutet draußen an der Tür?
Laß ruhig die Wanne voll.
Die Post war da; der Brief ist nicht
dabei, der kommen soll.

Wer läutet draußen an der Tür?
Leg du die Betten aus.
Der Hausbesorger war's; wir solln
am Ersten aus dem Haus.

Wer läutet draußen an der Tür?
Die Fuchsien blühn so nah.
Pack, Liebste, mir mein Waschzeug ein
und wein nicht; sie sind da.

Mit dem Staub

Andre haben ihren Schatz im Zimmer,
doch für mich ist das vorbei für immer;
mit dem Staub bin ich zur Nacht allein,
schlaf mit ihm auf meinen Lippen ein.

Andre hören's zwitschern in den Zweigen,
doch ich hör's nur aus den Dielen steigen;
mit dem Staub, der fällt auf Schuh und Schlauf,
wach im fahlen Schein vor Früh ich auf.

Andre singen wohl von Phlox und Flieder,
doch die Leere hallt durch meine Lieder;
mit dem Staub, die Orgel vorzudrehn,
werd nach Jahr und Tag ich auferstehn.

Die alten Geliebten

Die alten Geliebten, mit denen ich lag,
gestorben, verschollen, vergessen vor Tag,
sie sind nun auf einmal mir nahe bei Nacht,
als hätt ich mit ihnen nicht Schluß längst gemacht.

Die erste war schüchtern und kindlich und mild,
die zweite war stolz und war schön wie ein Bild;
ich konnte sie beide nicht richtig verstehn,
drum lassen so oft sie bei Nacht sich nun sehn.

Die dritte war Freundin für Weinland und Flur,
die vierte gab Lust mir wie nie eine Hur;
sie gingen von mir, als sich wandte mein Glück,
drum kommen im Elend zu mir sie zurück.

Ich sag, was ich alles zu sagen vergaß,
ich rieche das Sofa und rieche das Gras;
ich liege mit ihnen, wie niemals ich lag;
bald wird es stets Nacht sein und niemals mehr Tag.

Lied am Bahndamm

Süß das schwarze Gleis entlang
duftet die Kamille;
Mückenschwall und Vogelsang
sind verstummt, die Grille
regt allein sich schrill im Sand,
und uns beide, Hand in Hand,
überkommt die Stille.

Rote Tropfen streut der Mohn
über Hand und Stätte,
auf dem Stockgleis der Waggon
ist heut unser Bette,
wo man uns zwei schlafen läßt,
und schon hält dein Haar mich fest,
als ob's Finger hätte.

In der Tür das Blau wird satt,
Sterne schaukeln trunken;
wenn auf Spelt und Schaufelblatt
sprühen jähe Funken,
und ein Zug vorüberfährt,
bleib ich ganz dir zugekehrt,
ganz in dich versunken.

BERTOLT BRECHT

Erinnerung an die Marie A.

1

An jenem Tag im blauen Mond September
Still unter einem jungen Pflaumenbaum
Da hielt ich sie, die stille bleiche Liebe
In meinem Arm wie einen holden Traum.
Und über uns im schönen Sommerhimmel
War eine Wolke, die ich lange sah
Sie war sehr weiß und ungeheuer oben
Und als ich aufsah, war sie nimmer da.

2

Seit jenem Tag sind viele, viele Monde
Geschwommen still hinunter und vorbei
Die Pflaumenbäume sind wohl abgehauen
Und fragst du mich, was mit der Liebe sei?
So sag ich dir: Ich kann mich nicht erinnern.
Und doch, gewiß, ich weiß schon, was du meinst
Doch ihr Gesicht, das weiß ich wirklich nimmer
Ich weiß nur mehr: Ich küßte es dereinst.

3

Und auch den Kuß, ich hätt ihn längst vergessen
Wenn nicht die Wolke da gewesen wär
Die weiß ich noch und werd ich immer wissen
Sie war sehr weiß und kam von oben her.
Die Pflaumenbäume blühn vielleicht noch immer
Und jene Frau hat jetzt vielleicht das siebte Kind
Doch jene Wolke blühte nur Minuten
Und als ich aufsah, schwand sie schon im Wind.

Gegen Verführung

1

Laßt euch nicht verführen!
Es gibt keine Wiederkehr.
Der Tag steht in den Türen;
Ihr könnt schon Nachtwind spüren:
Es kommt kein Morgen mehr.

2

Laßt euch nicht betrügen!
Das Leben wenig ist.
Schlürft es in vollen Zügen!
Es wird euch nicht genügen
Wenn ihr es lassen müßt!

3

Laßt euch nicht vertrösten!
Ihr habt nicht zu viel Zeit!
Laßt Moder den Erlösten!
Das Leben ist am größten:
Es steht nicht mehr bereit.

4

Laßt euch nicht verführen!
Zu Fron und Ausgezehr!
Was kann euch Angst noch rühren?
Ihr sterbt mit allen Tieren
Und es kommt nichts nachher.

Vom armen B. B.

1

Ich, Bertolt Brecht, bin aus den schwarzen Wäldern.
Meine Mutter trug mich in die Städte hinein
Als ich in ihrem Leibe lag. Und die Kälte der Wälder
Wird in mir bis zu meinem Absterben sein.

2

In der Asphaltstadt bin ich daheim. Von allem Anfang
Versehen mit jedem Sterbsakrament:
Mit Zeitungen. Und Tabak. Und Branntwein.
Mißtrauisch und faul und zufrieden am End.

3

Ich bin zu den Leuten freundlich. Ich setze
Einen steifen Hut auf nach ihrem Brauch.
Ich sage: es sind ganz besonders riechende Tiere
Und ich sage: es macht nichts, ich bin es auch.

4

In meine leeren Schaukelstühle vormittags
Setze ich mir mitunter ein paar Frauen
Und ich betrachte sie sorglos und sage ihnen:
In mir habt ihr einen, auf den könnt ihr nicht bauen.

5

Gegen abends versammle ich um mich Männer
Wir reden uns da mit »Gentleman« an
Sie haben ihre Füße auf meinen Tischen
Und sagen: es wird besser mit uns. Und ich frage nicht: wann.

6

Gegen Morgen in der grauen Frühe pissen die Tannen
Und ihr Ungeziefer, die Vögel, fängt an zu schrein.
Um die Stunde trink ich mein Glas in der Stadt aus und schmeiße
Den Tabaksstummel weg und schlafe beunruhigt ein.

7

Wir sind gesessen ein leichtes Geschlechte
In Häusern, die für unzerstörbare galten
(So haben wir gebaut die langen Gehäuse des Eilands Manhattan
Und die dünnen Antennen, die das Atlantische Meer unterhalten).

8

Von diesen Städten wird bleiben: der durch sie hindurchging,
                                        der Wind!
Fröhlich machet das Haus den Esser: er leert es.
Wir wissen, daß wir Vorläufige sind
Und nach uns wird kommen: nichts Nennenswertes.

9

Bei den Erdbeben, die kommen werden, werde ich hoffentlich
Meine Virginia nicht ausgehen lassen durch Bitterkeit
Ich, Bertolt Brecht, in die Asphaltstädte verschlagen
Aus den schwarzen Wäldern in meiner Mutter in früher Zeit.

Fragen

Schreib mir, was du anhast! Ist es warm?
Schreib mir, wie du liegst! Liegst du auch weich?
Schreib mir, wie du aussiehst! Ist's noch gleich?
Schreib mir, was dir fehlt! Ist es mein Arm?

Schreib mir, wie's dir geht! Verschont man dich?
Schreib mir, was sie treiben! Reicht dein Mut?
Schreib mir, was du tust! Ist es auch gut?
Schreib mir, woran denkst du? Bin es ich?

Freilich hab ich dir nur meine Fragen!
Und die Antwort hör ich, wie sie fällt!
Wenn du müd bist, kann ich dir nichts tragen.

Hungerst du, hab ich dir nichts zum Essen.
Und so bin ich grad wie aus der Welt
Nicht mehr da, als hätt ich dich vergessen.

General, dein Tank ist ein starker Wagen

General, dein Tank ist ein starker Wagen.
Er bricht einen Wald nieder und zermalmt hundert Menschen.
Aber er hat einen Fehler:
Er braucht einen Fahrer.

General, dein Bombenflugzeug ist stark.
Es fliegt schneller als ein Sturm und trägt mehr als ein Elefant.
Aber es hat einen Fehler:
Es braucht einen Monteur.

General, der Mensch ist sehr brauchbar.
Er kann fliegen und er kann töten.
Aber er hat einen Fehler:
Er kann denken.

Legende von der Entstehung des Buches Taoteking auf dem Weg des Laotse in die Emigration

1

Als er siebzig war und war gebrechlich
Drängte es den Lehrer doch nach Ruh
Denn die Güte war im Lande wieder einmal schwächlich
Und die Bosheit nahm an Kräften wieder einmal zu.
Und er gürtete den Schuh.

2

Und er packte ein, was er so brauchte:
Wenig. Doch es wurde dies und das.
So die Pfeife, die er immer abends rauchte
Und das Büchlein, das er immer las.
Weißbrot nach dem Augenmaß.

3

Freute sich des Tals noch einmal und vergaß es
Als er ins Gebirg den Weg einschlug.
Und sein Ochse freute sich des frischen Grases
Kauend, während er den Alten trug.
Denn dem ging es schnell genug.

4

Doch am vierten Tag im Felsgesteine
Hat ein Zöllner ihm den Weg verwehrt:
»Kostbarkeiten zu verzollen?« – »Keine.«
Und der Knabe, der den Ochsen führte, sprach:
»Er hat gelehrt.«
Und so war auch das erklärt.

5

Doch der Mann in einer heitren Regung
Fragte noch: »Hat er was rausgekriegt?«
Sprach der Knabe: »Daß das weiche Wasser in Bewegung
Mit der Zeit den mächtigen Stein besiegt.
Du verstehst, das Harte unterliegt.«

6

Daß er nicht das letzte Tageslicht verlöre
Trieb der Knabe nun den Ochsen an.
Und die drei verschwanden schon um eine schwarze Föhre
Da kam plötzlich Fahrt in unsern Mann
Und er schrie: »He, du! Halt an!

7

Was ist das mit diesem Wasser, Alter?«
Hielt der Alte: »Intressiert es dich?«
Sprach der Mann: »Ich bin nur Zollverwalter
Doch wer wen besiegt, das intressiert auch mich.
Wenn du's weißt, dann sprich!

8

Schreib mir's auf! Diktier es diesem Kinde!
So was nimmt man doch nicht mit sich fort.
Da gibt's doch Papier bei uns und Tinte
Und ein Nachtmahl gibt es auch: ich wohne dort.
Nun, ist das ein Wort?«

9

Über seine Schulter sah der Alte
Auf den Mann: Flickjoppe. Kein Schuh.
Und die Stirne eine einzige Falte.
Ach, kein Sieger trat da auf ihn zu.
Und er murmelte: »Auch du?«

10

Eine höfliche Bitte abzuschlagen
War der Alte, wie es schien, zu alt.
Denn er sagte laut: »Die etwas fragen
Die verdienen Antwort.« Sprach der Knabe:
                              »Es wird auch schon kalt.«
»Gut, ein kleiner Aufenthalt.«

11

Und von seinem Ochsen stieg der Weise
Sieben Tage schrieben sie zu zweit.
Und der Zöllner brachte Essen (und er fluchte nur
                              noch leise
Mit den Schmugglern in der ganzen Zeit).
Und dann war's soweit.

12

Und dem Zöllner händigte der Knabe
Eines Morgens einundachtzig Sprüche ein
Und mit Dank für eine kleine Reisegabe
Bogen sie um jene Föhre ins Gestein.
Sagt jetzt: kann man höflicher sein?

13

Aber rühmen wir nicht nur den Weisen
Dessen Name auf dem Buche prangt!
Denn man muß dem Weisen seine Weisheit erst
                              entreißen.
Darum sei der Zöllner auch bedankt:
Er hat sie ihm abverlangt.

An die Nachgeborenen

I

Wirklich, ich lebe in finsteren Zeiten!

Das arglose Wort ist töricht. Eine glatte Stirn
Deutet auf Unempfindlichkeit hin. Der Lachende
Hat die furchtbare Nachricht
Nur noch nicht empfangen.

Was sind das für Zeiten, wo
Ein Gespräch über Bäume fast ein Verbrechen ist
Weil es ein Schweigen über so viele Untaten einschließt!
Der dort ruhig über die Straße geht
Ist wohl nicht mehr erreichbar für seine Freunde
Die in Not sind?

Es ist wahr: ich verdiene noch meinen Unterhalt
Aber glaubt mir: das ist nur ein Zufall. Nichts
Von dem, was ich tue, berechtigt mich dazu, mich satt zu essen.
Zufällig bin ich verschont. (Wenn mein Glück aussetzt
Bin ich verloren.)

Man sagt mir: iß und trink du! Sei froh, daß du hast!
Aber wie kann ich essen und trinken, wenn
Ich es dem Hungernden entreiße, was ich esse, und
Mein Glas Wasser einem Verdurstenden fehlt?
Und doch esse und trinke ich.

Ich wäre gerne auch weise
In den alten Büchern steht, was weise ist:
Sich aus dem Streit der Welt halten und die kurze Zeit
Ohne Furcht verbringen

Auch ohne Gewalt auskommen
Böses mit Gutem vergelten
Seine Wünsche nicht erfüllen, sondern vergessen
Gilt für weise.
Alles das kann ich nicht:
Wirklich, ich lebe in finsteren Zeiten!

2

In die Städte kam ich zu der Zeit der Unordnung
Als da Hunger herrschte.
Unter die Menschen kam ich zu der Zeit des Aufruhrs
Und ich empörte mich mit ihnen.
So verging meine Zeit
Die auf Erden mir gegeben war.

Mein Essen aß ich zwischen den Schlachten
Schlafen legte ich mich unter die Mörder
Der Liebe pflegte ich achtlos
Und die Natur sah ich ohne Geduld.
So verging meine Zeit
Die auf Erden mir gegeben war.

Die Straßen führten in den Sumpf zu meiner Zeit
Die Sprache verriet mich dem Schlächter
Ich vermochte nur wenig. Aber die Herrschenden
Saßen ohne mich sicherer, das hoffte ich.
So verging meine Zeit
Die auf Erden mir gegeben war.

Die Kräfte waren gering. Das Ziel
Lag in großer Ferne
Es war deutlich sichtbar, wenn auch für mich
Kaum zu erreichen.

So verging meine Zeit
Die auf Erden mir gegeben war.

3

Ihr, die ihr auftauchen werdet aus der Flut
In der wir untergegangen sind
Gedenkt
Wenn ihr von unsern Schwächen sprecht
Auch der finsteren Zeit
Der ihr entronnen seid.

Gingen wir doch, öfter als die Schuhe die Länder
                              wechselnd
Durch die Kriege der Klassen, verzweifelt
Wenn da nur Unrecht war und keine Empörung.

Dabei wissen wir ja:
Auch der Haß gegen die Niedrigkeit
Verzerrt die Züge.
Auch der Zorn über das Unrecht
Macht die Stimme heiser. Ach, wir
Die wir den Boden bereiten wollten für Freundlichkeit
Konnten selber nicht freundlich sein.

Ihr aber, wenn es soweit sein wird
Daß der Mensch dem Menschen ein Helfer ist
Gedenkt unsrer
Mit Nachsicht.

Schwächen

Du hattest keine
Ich hatte eine:
Ich liebte

Kinderhymne

Anmut sparet nicht noch Mühe
Leidenschaft nicht noch Verstand.
Daß ein gutes Deutschland blühe
Wie ein andres gutes Land.

Daß die Völker nicht erbleichen
Wie vor einer Räuberin
Sondern ihre Hände reichen
Uns wie anderen Völkern hin.

Und nicht über und nicht unter
Andern Völkern wolln wir sein
Von der See bis zu den Alpen
Von der Oder bis zum Rhein.

Und weil wir dieses Land verbessern
Lieben und beschirmen wir's
Und das liebste mag's uns scheinen
So wie andern Völkern ihrs.

Als ich nachher von dir ging

Als ich nachher von dir ging
An dem großen Heute
Sah ich, wie ich sehn anfing
Lauter lustige Leute.

Und seit jener Abendstund
Weißt schon, die ich meine
Hab ich einen schönern Mund
Und geschicktere Beine.

Grüner ist, seit ich so fühl
Baum und Strauch und Wiese
Und das Wasser schöner kühl
Wenn ich's auf mich gieße.

Sieben Rosen hat der Strauch

Sieben Rosen hat der Strauch
Sechs gehörn dem Wind
Aber eine bleibt, daß auch
Ich noch eine find.

Sieben Male ruf ich dich
Sechsmal bleibe fort
Doch beim siebten Mal, versprich
Komme auf mein Wort.

Der Radwechsel

Ich sitze am Straßenhang.
Der Fahrer wechselt das Rad.
Ich bin nicht gern, wo ich herkomme.
Und bin nicht gern, wo ich hinfahre.
Warum sehe ich den Radwechsel
Mit Ungeduld?

Der Rauch

Das kleine Haus unter Bäumen am See
Vom Dach steigt Rauch
Fehlte er
Wie trostlos dann wären
Haus, Bäume und See.

Die Seeräuberjenny

Meine Herrn, heute sehn Sie mich Gläser abwaschen
Und ich mache das Bett für jeden
Und Sie geben mir einen Penny und ich bedanke mich schnell
Und Sie sehen meine Lumpen und dies lumpige Hotel
Und Sie wissen nicht, mit wem Sie reden.
Aber eines Abends wird ein Geschrei sein am Hafen
Und man fragt: »Was ist das für ein Geschrei?«
Und man wird mich lächeln sehn bei meinen Gläsern
Und man sagt: »Was lächelt die dabei?«
Und ein Schiff mit acht Segeln
Und mit fünfzig Kanonen
Wird liegen am Kai.

Man sagt: »Geh, wisch deine Gläser, mein Kind«
Und man reicht mir den Penny hin
Und der Penny wird genommen und das Bett wird gemacht
Es wird keiner mehr drin schlafen in dieser Nacht
Und sie wissen immer noch nicht, wer ich bin.
Aber eines Abends wird ein Getös sein am Hafen
Und man fragt: »Was ist das für ein Getös?«
Und man wird mich stehen sehn hinterm Fenster
Und man fragt: »Was lächelt die so bös?«
Und das Schiff mit acht Segeln
Und mit fünfzig Kanonen
Wird beschießen die Stadt.

Meine Herren, da wird wohl ihr Lachen aufhörn
Denn die Mauern werden fallen hin
Und die Stadt wird gemacht dem Erdboden gleich
Nur ein lumpiges Hotel wird verschont von jedem Streich
Und man fragt: »Wer wohnt Besonderer darin?«
Und in dieser Nacht wird ein Geschrei um das Hotel sein
Und man fragt: »Warum wird das Hotel verschont?«
Und man wird mich sehen treten aus der Tür gen Morgen
Und man sagt: »Die hat darin gewohnt?«
Und das Schiff mit acht Segeln
Und mit fünfzig Kanonen
Wird beflaggen den Mast.

Und es werden kommen Hundert gen Mittag an Land
Und werden in den Schatten treten
Und fangen einen jeglichen aus jeglicher Tür
Und legen in Ketten und bringen zu mir
Und fragen: »Welchen sollen wir töten?«
Und an diesem Mittag wird es still sein am Hafen
Wenn man fragt, wer wohl sterben muß
Und dann werden sie mich sagen hören: »Alle!«
Und wenn dann der Kopf fällt, sag ich: »Hoppla!«

Und das Schiff mit acht Segeln
Und mit fünfzig Kanonen
Wird entschwinden mit mir.

Denn wovon lebt der Mensch?

Ihr Herrn, die ihr uns lehrt, wie man brav leben
Und Sünd und Missetat vermeiden kann
Zuerst müßt ihr uns schon zu fressen geben
Dann könnt ihr reden: damit fängt es an.
Ihr, die ihr euren Wanst und unsere Bravheit liebt
Das Eine wisset ein für allemal:
Wie ihr es immer dreht und immer schiebt
Erst kommt das Fressen, dann kommt die Moral.
Erst muß es möglich sein auch armen Leuten
Vom großen Brotlaib sich ihr Teil zu schneiden.

Denn wovon lebt der Mensch? Indem er stündlich
Den Menschen peinigt, auszieht, anfällt, abwürgt und
frißt.
Nur dadurch lebt der Mensch, daß er so gründlich
Vergessen kann, daß er ein Mensch doch ist.

Ihr Herren bildet euch nur da nichts ein:
Der Mensch lebt nur von Missetat allein.

Ihr lehrt uns, wann ein Weib die Röcke heben
Und ihre Augen einwärts drehen kann?
Zuerst müßt ihr uns schon zu fressen geben
Dann könnt ihr reden: damit fängt es an!
Ihr, die auf unsere Scham und eure Lust besteht
Das eine wisset ein für allemal:
Wie ihr es immer schiebt und immer dreht
Erst kommt das Fressen, dann kommt die Moral.

Erst muß es möglich sein, auch armen Leuten
Vom großen Brotlaib sich ihr Teil zu schneiden.

Denn wovon lebt das Mensch? Indem es stündlich
Den Menschen peinigt, auszieht, anfällt, abwürgt und
frißt.
Denn nur so lebt das Mensch, daß es so gründlich
Vergessen kann, daß es ein Mensch doch ist.

Ach, bildet euch ihr Herren da nichts ein:
Der Mensch lebt nur von Missetat allein.

Salomon Song

Ihr saht den weisen Salomon
Ihr wißt, was aus ihm wurd.
Dem Mann war alles sonnenklar
Er verfluchte die Stunde seiner Geburt
Und sah, daß alles eitel war.
Wie groß und weis war Salomon!
Und seht, da war es noch nicht Nacht
Da sah die Welt die Folgen schon:
Die Weisheit hatte ihn so weit gebracht!
Beneidenswert, wer frei davon!

Ihr saht den kühnen Cäsar dann
Ihr wißt, was aus ihm wurd!
Der saß wie 'n Gott auf dem Altar
Und wurde ermordet, wie ihr erfuhrt
Und zwar, als er am größten war.
Wie schrie der laut: auch du, mein Sohn!
Denn seht, da war es noch nicht Nacht
Da sah die Welt die Folgen schon:
Die Kühnheit hatte ihn so weit gebracht!
Beneidenswert, wer frei davon!

Ihr kennt den redlichen Sokrates
Der stets die Wahrheit sprach:
Ach nein, sie wußten ihm keinen Dank
Vielmehr stellten die Obern böse ihm nach
Und reichten ihm den Schierlingstrank.
Wie redlich war des Volkes großer Sohn!
Und seht, da war es noch nicht Nacht
Da sah die Welt die Folgen schon:
Die Redlichkeit hat ihn so weit gebracht!
Beneidenswert, wer frei davon!

Hier seht ihr ordentliche Leut
Haltend die zehn Gebot
Es hat uns bisher nichts genützt
Ihr, die am warmen Ofen sitzt
Helft lindern unsre große Not!
Wie kreuzbrav waren wir doch schon!
Und seht, da war es noch nicht Nacht
Da sah die Welt die Folgen schon:
Die Gottesfurcht hat uns so weit gebracht –
Beneidenswert, wer frei davon!

Und so kommt zum guten Ende

Und so kommt zum guten Ende
Alles unter einen Hut
Ist das nötige Geld vorhanden
Ist das Ende meistens gut.

Daß er nur im Trüben fische
Hat der Hinz den Kunz bedroht
Doch zum Schluß vereint am Tische
Essen sie des Armen Brot.

Denn die einen sind im Dunkeln
Und die andern sind im Licht
Und man siehet die im Lichte
Die im Dunkeln sieht man nicht.

Terzinen über die Liebe

Sieh jene Kraniche in großem Bogen!
Die Wolken, welche ihnen beigegeben
Zogen mit ihnen schon, als sie entflogen

Aus einem Leben in ein andres Leben.
In gleicher Höhe und mit gleicher Eile
Scheinen sie alle beide nur daneben.

Daß also keines länger hier verweile
Daß so der Kranich mit der Wolke teile
Den schönen Himmel, den sie kurz befliegen

Und keines andres sehe als das Wiegen
Des andern in dem Wind, den beide spüren
Die jetzt im Fluge beieinander liegen.

So mag der Wind sie in das Nichts entführen;
Wenn sie nur nicht vergehen und sich bleiben
So lange kann sie beide nichts berühren

So lange kann man sie von jedem Ort vertreiben
Wo Regen drohen oder Schüsse schallen.
So unter Sonn und Monds wenig verschiedenen Scheiben

Fliegen sie hin, einander ganz verfallen.

Wohin, ihr?
          Nirgendhin.

Von wem entfernt?
                        Von allen.

Ihr fragt, wie lange sind sie schon beisammen?
Seit kurzem.
                    Und wann werden sie sich trennen?
                                            Bald.
So scheint die Liebe Liebenden ein Halt.

Denn wie man sich bettet

(Lied der Jenny)

Meine Herrn, meine Mutter prägte
Auf mich ein schlimmes Wort
Das Kind wird enden im Schauhaus
Oder an einem noch schlimmeren Ort.
Ja, so ein Wort, das ist leicht gesagt
Aber ich sage euch, daraus
Wird nichts
Das könnt ihr nicht machen
Mit mir
Was aus mir noch wird, das
Werden wir sehen
Ein Mensch ist kein Tier.
Aber ich sage euch, daraus
Wird nichts
Das könnt ihr nicht machen
Mit mir
Was aus mir noch wird, das
Werden wir sehen
Ein Mensch ist kein Tier.
Denn wie man sich bettet, so liegt man
Es deckt einen keiner da zu

Es wechseln die Zeiten

Es wechseln die Zeiten. Die riesigen Pläne
Der Mächtigen kommen am Ende zum Halt.
Und gehn sie einher auch wie blutige Hähne
Es wechseln die Zeiten, da hilft kein Gewalt.
Am Grunde der Moldau wandern die Steine.
Es liegen drei Kaiser begraben in Prag.
Das Große bleibt groß nicht und klein nicht das Kleine.
Die Nacht hat zwölf Stunden, dann kommt schon der Tag.

ERICH KÄSTNER

Kennst Du das Land

Kennst Du das Land, wo die Kanonen blühn?
Du kennst es nicht? Du wirst es kennenlernen!
Dort stehn die Prokuristen stolz und kühn
in den Büros, als wären es Kasernen.

Dort wachsen unterm Schlips Gefreitenknöpfe.
Und unsichtbare Helme trägt man dort.
Gesichter hat man dort, doch keine Köpfe.
Und wer zu Bett geht, pflanzt sich auch schon fort.

Wenn dort ein Vorgesetzter etwas will
– und es ist sein Beruf, etwas zu wollen –
steht der Verstand erst stramm und zweitens still.
Die Augen rechts! Und mit dem Rückgrat rollen!

Die Kinder kommen dort mit kleinen Sporen
und mit gezognem Scheitel auf die Welt.
Dort wird man nicht als Zivilist geboren.
Dort wird befördert, wer die Schnauze hält.

Kennst Du das Land? Es könnte glücklich sein.
Es könnte glücklich sein und glücklich machen!
Dort gibt es Äcker, Kohle, Stahl und Stein
und Fleiß und Kraft und andre schöne Sachen.

Selbst Geist und Güte gibt's dort dann und wann!
Und wahres Heldentum. Doch nicht bei vielen.
Dort steckt ein Kind in jedem zweiten Mann.
Das will mit Bleisoldaten spielen.

Dort reift die Freiheit nicht. Dort bleibt sie grün.
Was man auch baut, – es werden stets Kasernen.
Kennst Du das Land, wo die Kanonen blühn?
Du kennst es nicht? Du wirst es kennenlernen!

Sachliche Romanze

Als sie einander acht Jahre kannten
(und man darf sagen: sie kannten sich gut),
kam ihre Liebe plötzlich abhanden.
Wie andern Leuten ein Stock oder Hut.

Sie waren traurig, betrugen sich heiter,
versuchten Küsse, als ob nichts sei,
und sahen sich an und wußten nicht weiter.
Da weinte sie schließlich. Und er stand dabei.

Vom Fenster aus konnte man Schiffen winken.
Er sagte, es wäre schon Viertel nach Vier
und Zeit, irgendwo Kaffee zu trinken.
Nebenan übte ein Mensch Klavier.

Sie gingen ins kleinste Café am Ort
und rührten in ihren Tassen.
Am Abend saßen sie immer noch dort.
Sie saßen allein, und sie sprachen kein Wort
und konnten es einfach nicht fassen.

Und wo bleibt das Positive, Herr Kästner?

Und immer wieder schickt ihr mir Briefe,
in denen ihr, dick unterstrichen, schreibt:
»Herr Kästner, wo bleibt das Positive?«
Ja, weiß der Teufel, wo das bleibt.

Noch immer räumt ihr dem Guten und Schönen
den leeren Platz überm Sofa ein.
Ihr wollt euch noch immer nicht dran gewöhnen,
gescheit und trotzdem tapfer zu sein.

Ihr braucht schon wieder mal Vaseline,
mit der ihr das trockene Brot beschmiert.
Ihr sagt schon wieder, mit gläubiger Miene:
»Der siebente Himmel wird frisch tapeziert!«

Ihr streut euch Zucker über die Schmerzen
und denkt, unter Zucker verschwänden sie.
Ihr baut schon wieder Balkons vor die Herzen
und nehmt die strampelnde Seele aufs Knie.

Die Spezies Mensch ging aus dem Leime
und mit ihr Haus und Staat und Welt.
Ihr wünscht, daß ich's hübsch zusammenreime,
und denkt, daß es dann zusammenhält?

Ich will nicht schwindeln. Ich werde nicht schwindeln.
Die Zeit ist schwarz, ich mach euch nichts weis.
Es gibt genug Lieferanten von Windeln.
Und manche liefern zum Selbstkostenpreis.

Habt Sonne in sämtlichen Körperteilen
und wickelt die Sorgen in Seidenpapier!

Doch tut es rasch. Ihr müßt euch beeilen.
Sonst werden die Sorgen größer als ihr.

Die Zeit liegt im Sterben. Bald wird sie begraben.
Im Osten zimmern sie schon den Sarg.
Ihr möchtet gern euren Spaß dran haben …?
Ein Friedhof ist kein Lunapark.

Was auch geschieht!

Was auch immer geschieht:
Nie dürft ihr so tief sinken,
von dem Kakao, durch den man euch zieht,
auch noch zu trinken!

Das Eisenbahngleichnis

Wir sitzen alle im gleichen Zug
und reisen quer durch die Zeit.
Wir sehen hinaus. Wir sahen genug.
Wir fahren alle im gleichen Zug.
Und keiner weiß, wie weit.

Ein Nachbar schläft, ein andrer klagt,
ein dritter redet viel.
Stationen werden angesagt.
Der Zug, der durch die Jahre jagt,
kommt niemals an sein Ziel.

Wir packen aus. Wir packen ein.
Wir finden keinen Sinn.
Wo werden wir wohl morgen sein?
Der Schaffner schaut zur Tür herein
und lächelt vor sich hin.

Auch er weiß nicht, wohin er will.
Er schweigt und geht hinaus.
Da heult die Zugsirene schrill!
Der Zug fährt langsam und hält still.
Die Toten steigen aus.

Ein Kind steigt aus. Die Mutter schreit.
Die Toten stehen stumm
am Bahnsteig der Vergangenheit.
Der Zug fährt weiter, er jagt durch die Zeit,
und niemand weiß, warum.

Die I. Klasse ist fast leer.
Ein feister Herr sitzt stolz
im roten Plüsch und atmet schwer.
Er ist allein und spürt das sehr.
Die Mehrheit sitzt auf Holz.

Wir reisen alle im gleichen Zug
zur Gegenwart in spe.
Wir sehen hinaus. Wir sahen genug.
Wir sitzen alle im gleichen Zug
und viele im falschen Coupé.

Moral

Es gibt nichts Gutes
außer: Man tut es.

Der Streber

Vom frühen bis ins späte Alter,
mit Mordsgeduld und Schenkelschluß,
rankt er sich hoch am Federhalter
und klettert, weil er sonst nichts muß.
Die Ahnen klettern im Urwald.
Er ist der Affe im Kulturwald.

Die Entwicklung der Menschheit

Einst haben die Kerls auf den Bäumen gehockt,
behaart und mit böser Visage.
Dann hat man sie aus dem Urwald gelockt
und die Welt asphaltiert und aufgestockt,
bis zur dreißigsten Etage.

Da saßen sie nun, den Flöhen entflohn,
in zentralgeheizten Räumen.
Da sitzen sie nun am Telefon.
Und es herrscht noch genau derselbe Ton
wie seinerzeit auf den Bäumen.

Sie hören weit. Sie sehen fern.
Sie sind mit dem Weltall in Fühlung.
Sie putzen die Zähne. Sie atmen modern.
Die Erde ist ein gebildeter Stern
mit sehr viel Wasserspülung.

Sie schießen die Briefschaften durch ein Rohr.
Sie jagen und züchten Mikroben.
Sie versehn die Natur mit allem Komfort.
Sie fliegen steil in den Himmel empor
und bleiben zwei Wochen oben.

Was ihre Verdauung übrigläßt,
das verarbeiten sie zu Watte.
Sie spalten Atome. Sie heilen Inzest.
Und sie stellen durch Stiluntersuchungen fest,
daß Cäsar Plattfüße hatte.

So haben sie mit dem Kopf und dem Mund
den Fortschritt der Menschheit geschaffen.
Doch davon mal abgesehen und
bei Lichte betrachtet sind sie im Grund
noch immer die alten Affen.

Der Handstand auf der Loreley

(Nach einer wahren Begebenheit)

Die Loreley, bekannt als Fee und Felsen,
ist jener Fleck am Rhein, nicht weit von Bingen,
wo früher Schiffer mit verdrehten Hälsen,
von blonden Haaren schwärmend, untergingen.

Wir wandeln uns. Die Schiffer inbegriffen.
Der Rhein ist reguliert und eingedämmt.
Die Zeit vergeht. Man stirbt nicht mehr beim Schiffen,
bloß weil ein blondes Weib sich dauernd kämmt.

Nichtsdestotrotz geschieht auch heutzutage
noch manches, was der Steinzeit ähnlich sieht.
So alt ist keine deutsche Heldensage,
daß sie nicht doch noch Helden nach sich zieht.

Erst neulich machte auf der Loreley
hoch überm Rhein ein Turner einen Handstand!
Von allen Dampfern tönte Angstgeschrei,
als er kopfüber oben auf der Wand stand.

Er stand, als ob er auf dem Barren stünde.
Mit hohlem Kreuz. Und lustbetonten Zügen.
Man frage nicht: Was hatte er für Gründe?
Er war ein Held. Das dürfte wohl genügen.

Er stand, verkehrt, im Abendsonnenscheine.
Da trübte Wehmut seinen Turnerblick.
Er dachte an die Loreley von Heine.
Und stürzte ab. Und brach sich das Genick.

Er starb als Held. Man muß ihn nicht beweinen.
Sein Handstand war vom Schicksal überstrahlt.
Ein Augenblick mit zwei gehobnen Beinen
ist nicht zu teuer mit dem Tod bezahlt!

P. S. Eins wäre allerdings noch nachzutragen:
Der Turner hinterließ uns Frau und Kind.
Hinwiederum, man soll sie nicht beklagen.
Weil im Bezirk der Helden und der Sagen
die Überlebenden nicht wichtig sind.

MARIE LUISE KASCHNITZ

Nicht gesagt

Nicht gesagt
Was von der Sonne zu sagen gewesen wäre
Und vom Blitz nicht das einzig Richtige
Geschweige denn von der Liebe.
Versuche. Gesuche. Mißlungen
Ungenaue Beschreibung

Weggelassen das Morgenrot
Nicht gesprochen vom Sämann
Und nur am Rande vermerkt
Den Hahnenfuß und das Veilchen.

Euch nicht den Rücken gestärkt
Mit ewiger Seligkeit
Den Verfall nicht geleugnet
Und nicht die Verzweiflung

Den Teufel nicht an die Wand
Weil ich nicht an ihn glaube
Gott nicht gelobt
Aber wer bin ich daß

PETER HUCHEL

Der Garten des Theophrast

Meinem Sohn

Wenn mittags das weiße Feuer
Der Verse über den Urnen tanzt,
Gedenke, mein Sohn. Gedenke derer,
Die einst Gespräche wie Bäume gepflanzt.
Tot ist der Garten, mein Atem wird schwerer,
Bewahre die Stunde, hier ging Theophrast,
Mit Eichenlohe zu düngen den Boden,
Die wunde Rinde zu binden mit Bast.
Ein Ölbaum spaltet das mürbe Gemäuer
Und ist noch Stimme im heißen Staub.
Sie gaben Befehl, die Wurzel zu roden.
Es sinkt dein Licht, schutzloses Laub.

GÜNTER EICH

Latrine

Über stinkendem Graben,
Papier voll Blut und Urin,
umschwirrt von funkelnden Fliegen,
hocke ich in den Knien,

den Blick auf bewaldete Ufer,
Gärten, gestrandetes Boot.
In den Schlamm der Verwesung
klatscht der versteinte Kot.

Irr mir im Ohre schallen
Verse von Hölderlin.
In schneeiger Reinheit spiegeln
Wolken sich im Urin.

»Geh aber nun und grüße
die schöne Garonne –«
Unter den schwankenden Füßen
schwimmen die Wolken davon.

Inventur

Dies ist meine Mütze,
dies ist mein Mantel,
hier mein Rasierzeug
im Beutel aus Leinen.

Konservenbüchse:
Mein Teller, mein Becher,
ich hab in das Weißblech
den Namen geritzt.

Geritzt hier mit diesem
kostbaren Nagel,
den vor begehrlichen
Augen ich berge.

Im Brotbeutel sind
ein Paar wollene Socken
und einiges, was ich
niemand verrate,

so dient es als Kissen
nachts meinem Kopf.
Die Pappe hier liegt
zwischen mir und der Erde.

Die Bleistiftmine,
lieb ich am meisten:
Tags schreibt sie mir Verse,
die nachts ich erdacht.

Dies ist mein Notizbuch,
dies meine Zeltbahn,
dies ist mein Handtuch,
dies ist mein Zwirn.

HILDE DOMIN

Mit leichtem Gepäck

Gewöhn dich nicht.
Du darfst dich nicht gewöhnen.
Eine Rose ist eine Rose.
Aber ein Heim
ist kein Heim.

Sag dem Schoßhund Gegenstand ab
der dich anwedelt
aus den Schaufenstern.
Er irrt. Du
riechst nicht nach Bleiben.

Ein Löffel ist besser als zwei.
Häng ihn dir um den Hals,
du darfst einen haben,
denn mit der Hand
schöpft sich das Heiße zu schwer.

Es liefe der Zucker dir durch die Finger,
wie der Trost,
wie der Wunsch,
an dem Tag
da er dein wird.

Du darfst einen Löffel haben,
eine Rose,
vielleicht ein Herz
und, vielleicht,
ein Grab.

MASCHA KALÉKO

Interview mit mir selbst

Ich bin vor nicht zu langer Zeit geboren
In einer kleinen, klatschbeflissenen Stadt,
Die eine Kirche, zwei bis drei Doktoren
Und eine große Irrenanstalt hat.

Mein meistgesprochenes Wort als Kind war ›nein‹.
Ich war kein einwandfreies Mutterglück.
Und denke ich an jene Zeit zurück:
Ich möchte nicht mein Kind gewesen sein.

Im letzten Weltkrieg kam ich in die achte
Gemeindeschule zu Herrn Rektor May.
– Ich war schon zwölf, als ich noch immer dachte,
Daß, wenn die Kriege aus sind, Frieden sei.

Zwei Oberlehrer fanden mich begabt,
Weshalb sie mich – zwecks Bildung – bald entfernten;
Doch was wir auf der hohen Schule lernten,
Ein Wort wie ›Abbau‹ haben wir nicht gehabt.

Beim Abgang sprach der Lehrer von den Nöten
Der Jugend und vom ethischen Niveau –
Es hieß, wir sollten jetzt ins Leben treten.
Ich aber leider trat nur ins Büro.

Acht Stunden bin ich dienstlich angestellt
Und tue eine schlechtbezahlte Pflicht.
Am Abend schreib ich manchmal ein Gedicht.
(Mein Vater meint, das habe noch gefehlt.)

Bei schönem Wetter reise ich ein Stück
Per Bleistift auf der bunten Länderkarte.
– An stillen Regentagen aber warte
Ich manchmal auf das sogenannte Glück ...

Großstadtliebe

Man lernt sich irgendwo ganz flüchtig kennen
Und gibt sich irgendwann ein Rendezvous.
Ein Irgendwas, – 'ist nicht genau zu nennen –
Verführt dazu, sich gar nicht mehr zu trennen.
Beim zweiten Himbeereis sagt man sich ›du‹.

Man hat sich lieb und ahnt im Grau der Tage
Das Leuchten froher Abendstunden schon.
Man teilt die Alltagssorgen und die Plage,
Man teilt die Freuden der Gehaltszulage,
... Das übrige besorgt das Telephon.

Man trifft sich im Gewühl der Großstadtstraßen.
Zu Hause geht es nicht. Man wohnt möbliert.
– Durch das Gewirr von Lärm und Autorasen,
– Vorbei am Klatsch der Tanten und der Basen
Geht man zu zweien still und unberührt.

Man küßt sich dann und wann auf stillen Bänken,
– Beziehungsweise auf dem Paddelboot.
Erotik muß auf Sonntag sich beschränken.
... Wer denkt daran, an später noch zu denken?
Man spricht konkret und wird nur selten rot.

Man schenkt sich keine Rosen und Narzissen,
Und schickt auch keinen Pagen sich ins Haus.
– Hat man genug von Weekendfahrt und Küssen,

Läßt mans einander durch die Reichspost wissen
Per Stenographenschrift ein Wörtchen: ›aus‹!

Kleine Havel-Ansichtskarte

Der Mond hängt wie ein Kitsch-Lampion
Am märk'schen Firmament.
Ein Dampfer namens »Pavillon«
Kehrt heim vom Wochenend.

Ein Chor klingt in die Nacht hinein,
Da schweigt die Havel stumm.
– Vor einem Herren-Gesangsverein
Kehrt manche Krähe um.

Vom Schanktisch schwankt der letzte Gast,
Verschwimmt der letzte Ton.
Im Kaffeegarten »Waldesrast«
Plärrt nur das Grammophon.

Das Tanzlokal liegt leer und grau.
(– Man zählt den Überschuß.)
Jetzt macht selbst die Rotundenfrau
Schon Schluß.

Von Booten flüstert's hier und dort.
Die Pärchen ziehn nach Haus.
– Es artet jeder Wassersport
Zumeist in Liebe aus.

Noch nicken Föhren leis im Wald.
Der Sonntag ist vertan.
Und langsam grüßt der Stadtasphalt
Die erste Straßenbahn ...

Emigranten-Monolog

Ich hatte einst ein schönes Vaterland –
So sang schon der Flüchtling Heine.
Das seine stand am Rheine,
Das meine auf märkischem Sand.

Wir alle hatten einst ein (siehe oben!)
Das fraß die Pest, das ist im Sturm zerstoben.
O, Röslein auf der Heide,
Dich brach die Kraftdurchfreude.

Die Nachtigallen wurden stumm,
Sahn sich nach sicherm Wohnsitz um,
Und nur die Geier schreien
Hoch über Gräberreihen.

Das wird nie wieder, wie es war,
Wenn es auch anders wird.
Auch, wenn das liebe Glöcklein tönt,
Auch wenn kein Schwert mehr klirrt.

Mir ist zuweilen so, als ob
Das Herz in mir zerbrach.
Ich habe manchmal Heimweh.
Ich weiß nur nicht, wonach ...

Sonett in Dur

Ich frage mich in meinen stillen Stunden,
Was war das Leben, Liebster, eh du kamst
Und mir den Schatten von der Seele nahmst.
Was suchte ich, bevor ich dich gefunden?

Wie war mein Gestern, such ich zu ergründen,
Und sieh, ich weiß es nur noch ungefähr.
So ganz umbrandet mich das Jetzt, dies Meer,
In das die besten meiner Träume münden.

Vergaß ich doch, wie süß die Vögel sangen,
Noch eh du warst, der Jahre buntes Kleid.
Mir blieb nur dies von Zeiten, die vergangen:
Die weißen Winter und die Einsamkeit.

Sie warten meiner, läßt du mich allein.
Und niemals wieder wird es Frühling sein.

KARL KROLOW

Es war die Nacht

Es war die Nacht, in der sie nicht mehr lachten,
die Nacht, in der sie miteinander sprachen
wie vor dem Abschied und in der sie dachten,
daß sie sich heimlich aus dem Staube machten,
die Nacht, in der sie schweigend miteinander brachen.

Es war die Nacht, in der nichts übrig blieb
von Liebe und von allen Liebesstimmen
im Laub und in der Luft. Wie durch ein Sieb
fielen Gefühle: niemandem mehr lieb
und nur noch Schemen, die in Nacht verschwimmen.

Es war die Nacht, in der man sagt: gestehe,
was mit uns war. Ist es zu fassen?
Was bleibt uns künftig von der heißen Nähe
der Körper? Es wird kalt. Ich sehe,
wie über Nacht wir voneinander lassen.

Sonett, oder auch nicht

Für Marcel Reich-Ranicki

Du kriegst was zu fassen oder auch nicht –
Schnittblumen und handfeste Dinge.
Du spürst deinen Kopf in der Schlinge,
deinen Körper mit seinem Gewicht.

Einst fuhrst du voll ab. Dein Gesicht
war gelöst und war leicht, so, als hinge
über dir eine Vogelschwinge:
das Leben: zu fassen oder auch nicht.

Du merkst: an etwas rührst du.
Die Grenzen des Wachstums spürst du.
Eiskalt sind Osten und Westen.

Jemand rempelt dich: weitergehen!
Geh oder auch nicht: Geschehen
wird heiß jetzt. Verschwinde am besten.

Gewißheit

Ich fühle mit Gewißheit dies:
ich spielte hoch, und ich verlor,
was ich als Staub vom Tische blies.
Ich kam mir als ein Fremder vor,

bei Leuten, die mir ins Gesicht
versprachen, was man niemals hält.
Ich fror. Ich wußte lange nicht,
wie kalt es sein kann in der Welt

und daß ich unter Leuten war,
die ich für meine Nächsten hielt.
Sie glichen Freunden um ein Haar,
die wußten, daß man stets verspielt.

Was war, was ist

Was war, was ist:
es bleibt die Frist,
die uns gesetzt.

Nicht eine Spur –
wir wissen nur,
was bis zuletzt

uns eigen war.
Doch Haut und Haar
erbleichen jetzt.

Es fällt noch Licht
auf ein Gesicht,
das Abschied netzt:

im Lichte feucht.
Die Hand: sie scheucht,
was uns verletzt,

was fassungslos
uns macht und bloß
noch uns entsetzt.

PAUL CELAN

Todesfuge

Schwarze Milch der Frühe wir trinken sie abends
wir trinken sie mittags und morgens wir trinken sie nachts
wir trinken und trinken
wir schaufeln ein Grab in den Lüften da liegt man nicht eng
Ein Mann wohnt im Haus der spielt mit den Schlangen
                        der schreibt
der schreibt wenn es dunkelt nach Deutschland dein goldenes
                        Haar Margarete
er schreibt es und tritt vor das Haus und es blitzen die Sterne
                        er pfeift seine Rüden herbei
er pfeift seine Juden hervor läßt schaufeln ein Grab in der Erde
er befiehlt uns spielt auf nun zum Tanz

Schwarze Milch der Frühe wir trinken dich nachts
wir trinken dich morgens und mittags wir trinken dich abends
wir trinken und trinken
Ein Mann wohnt im Haus der spielt mit den Schlangen
                        der schreibt
der schreibt wenn es dunkelt nach Deutschland dein goldenes
                        Haar Margarete
Dein aschenes Haar Sulamith wir schaufeln ein Grab in
                        den Lüften da liegt man nicht eng

Er ruft stecht tiefer ins Erdreich ihr einen ihr andern singet
                        und spielt
er greift nach dem Eisen im Gurt er schwingts seine Augen
                        sind blau
stecht tiefer die Spaten ihr einen ihr andern spielt weiter zum
                        Tanz auf

Schwarze Milch der Frühe wir trinken dich nachts
wir trinken dich mittags und morgens wir trinken dich abends
wir trinken und trinken
ein Mann wohnt im Haus dein goldenes Haar Margarete
dein aschenes Haar Sulamith er spielt mit den Schlangen

Er ruft spielt süßer den Tod der Tod ist ein Meister aus
                              Deutschland
er ruft streicht dunkler die Geigen dann steigt ihr als Rauch in
                              die Luft
dann habt ihr ein Grab in den Wolken da liegt man nicht eng

Schwarze Milch der Frühe wir trinken dich nachts
wir trinken dich mittags der Tod ist ein Meister aus Deutschland
wir trinken dich abends und morgens wir trinken und trinken
der Tod ist ein Meister aus Deutschland sein Auge ist blau
er trifft dich mit bleierner Kugel er trifft dich genau
ein Mann wohnt im Haus dein goldenes Haar Margarete
er hetzt seine Rüden auf uns er schenkt uns ein Grab in der Luft
er spielt mit den Schlangen und träumet der Tod ist ein Meister
aus Deutschland

dein goldenes Haar Margarete
dein aschenes Haar Sulamith

Die Krüge

Für Klaus Demus

An den langen Tischen der Zeit
zechen die Krüge Gottes.
Sie trinken die Augen der Sehenden leer und die Augen
                                        der Blinden,
die Herzen der waltenden Schatten,
die hohle Wange des Abends.
Sie sind die gewaltigsten Zecher:
sie führen das Leere zum Mund wie das Volle
und schäumen nicht über wie du oder ich.

ERICH FRIED

Logos

Das Wort ist mein Schwert
und das Wort beschwert mich

Das Wort ist mein Schild
und das Wort schilt mich

Das Wort ist fest
und das Wort ist lose

Das Wort ist mein Fest
und das Wort ist mein Los

Bevor ich sterbe

Noch einmal sprechen
von der Wärme des Lebens
damit doch einige wissen:
Es ist nicht warm
aber es könnte warm sein

Bevor ich sterbe
noch einmal sprechen
von Liebe
damit doch einige sagen:
Das gab es
das muß es geben

Noch einmal sprechen
vom Glück der Hoffnung auf Glück

damit doch einige fragen:
Was war das
wann kommt es wieder?

Was es ist

Es ist Unsinn
sagt die Vernunft
Es ist was es ist
sagt die Liebe

Es ist Unglück
sagt die Berechnung
Es ist nichts als Schmerz
sagt die Angst
Es ist aussichtslos
sagt die Einsicht
Es ist was es ist
sagt die Liebe

Es ist lächerlich
sagt der Stolz
Es ist leichtsinnig
sagt die Vorsicht
Es ist unmöglich
sagt die Erfahrung
Es ist was es ist
sagt die Liebe

GEORG KREISLER

Der Tod, das muß ein Wiener sein

Da drob'n auf der goldenen Himmelbastei,
da sitzt unser Herrgott ganz munter
und trinkt ein Glas Wein oder zwei oder drei
und schaut auf die Wienerstadt 'runter.
Die Geister, die geistern bei ihm umeinand',
ja, er hat s' in der Hand jederzeit,
das Glück und das Unglück, den Tod und die Schand'
und die Lieb' und den Haß und den Neid
und den Geiz und die Gier und die Gall' und die Gicht –
ja, da gibt's eine sehr große Schar.
Wie die Geister dort ausschaun, also das weiß ich nicht,
aber eines ist mir völlig klar:

Der Tod, das muß ein Wiener sein,
genau wie die Lieb' a Französin.
Denn wer bringt dich pünktlich zur Himmelstür?
Ja, da hat nur ein Wiener das G'spür dafür.
Der Tod, das muß ein Wiener sein,
nur er trifft den richtigen Ton:
Geh Schatzerl, geh Katzerl, was sperrst dich denn ein?
Der Tod muß ein Wiener sein.

Die Mitz, die Fritzi und die Leopoldin
san fesche und lustige Madeln,
hab'n Guckerl und Wuckerln wie a jede in Wien
und Handerln und Zahnderln und Wadeln.
Sie werden dem riesigsten Schnitzel gerecht
und tanzen noch Walzer dabei
und singen so hoch, wie die Callas gern möcht',
und ihr Herz ist für jedermann frei.

Doch auch Wiener Madeln sterben, wenn der Herrgott es will,
und wenn das einem Madel geschieht,
dann is's aus mit dem Tanzen, dann lächelt s' nur still
und singt ganz versonnen das Lied:

Der Tod, das muß ein Wiener sein,
genau wie die Lieb' a Französin.
Denn wer bringt dich pünktlich zur Himmelstür?
Ja, da hat nur ein Wiener das G'spür dafür.
Der Tod, das muß ein Wiener sein,
nur er trifft den richtigen Ton:
Geh Schatzerl, geh Katzerl, was sperrst dich denn ein?
Der Tod muß ein Wiener sein.
Geh Mopperl, du Tschopperl, komm brav mit'm Freund Hein!
Der Tod muß ein Wiener sein.

ERNST JANDL

Ikarus

Er flog hoch
über den anderen.
Die blieben im Sand
Krebse und Tintenfische.
Er flog höher
als sein Vater, der kunstgewandte
Dädalus.
Federn zupfte die Sonne aus seinen Flügeln.
Tränen aus Wachs tropften aus seinen Flügeln.
Ikarus flog.
Ikarus ging unter.
Ikarus ging unter
hoch über den anderen.

Lichtung

manche meinen
lechts und rinks
kann man nicht velwechsern.
werch ein illtum!

Sommerlied

Wir sind die menschen auf den wiesen
bald sind wir menschen unter den wiesen
und werden wiesen, und werden wald
das wird ein heiterer landaufenthalt
14. 6. 1954

vater komm erzähl vom krieg

vater komm erzähl vom krieg
vater komm erzähl wiest eingrückt bist
vater komm erzähl wiest gschossen hast
vater komm erzähl wiest verwundt worden bist
vater komm erzähl wiest gfallen bist
vater komm erzähl vom krieg

glückwunsch

wir alle wünschen jedem alles gute:
daß der gezielte schlag ihn just verfehle;
daß er, getroffen zwar, sichtbar nicht blute;
daß, blutend wohl, er keinesfalls verblute;
daß, falls verblutend, er nicht schmerz empfinde;
daß er, von schmerz zerfetzt, zurück zur stelle finde
wo er den ersten falschen schritt noch nicht gesetzt –
wir jeder wünschen allen alles gute
28. 7. 78

ELISABETH BORCHERS

eia wasser regnet schlaf

eia wasser regnet schlaf
eia abend schwimmt ins gras
wer zum wasser geht wird schlaf
wer zum abend kommt wird gras
weißes wasser grüner schlaf
großer abend kleines gras
es kommt es kommt
ein fremder

II

was sollen wir mit dem ertrunkenen matrosen tun?
wir ziehen ihm die stiefel aus
wir ziehen ihm die weste aus
und legen ihn ins gras

    mein kind im fluß ist's dunkel
    mein kind im fluß ist's naß

    was sollen wir mit dem ertrunkenen matrosen tun?
    wir ziehen ihm das wasser an
    wir ziehen ihm den abend an
    und tragen ihn zurück
    mein kind du mußt nicht weinen
    mein kind das ist nur schlaf

was sollen wir mit dem ertrunkenen matrosen tun?
    wir singen ihm das wasserlied
    wir sprechen ihm das grasgebet
    dann will er gern zurück

III

es geht es geht
ein fremder
ins große gras den kleinen abend
im weißen schlaf das grüne naß
und geht zum gras und wird ein abend
und kommt zum schlaf und wird ein naß
eia schwimmt ins gras der abend
eia regnet's wasserschlaf

INGEBORG BACHMANN

Die große Fracht

Die große Fracht des Sommers ist verladen,
das Sonnenschiff im Hafen liegt bereit,
wenn hinter dir die Möwe stürzt und schreit.
Die große Fracht des Sommers ist verladen.

Das Sonnenschiff im Hafen liegt bereit,
und auf die Lippen der Galionsfiguren
tritt unverhüllt das Lächeln der Lemuren.
Das Sonnenschiff im Hafen liegt bereit.

Wenn hinter dir die Möwe stürzt und schreit,
kommt aus dem Westen der Befehl zu sinken;
doch offnen Augs wirst du im Licht ertrinken,
wenn hinter dir die Möwe stürzt und schreit.

Die gestundete Zeit

Es kommen härtere Tage.
Die auf Widerruf gestundete Zeit
wird sichtbar am Horizont.
Bald mußt du den Schuh schnüren
und die Hunde zurückjagen in die Marschhöfe.
Denn die Eingeweide der Fische
sind kalt geworden im Wind.
Ärmlich brennt das Licht der Lupinen.
Dein Blick spurt im Nebel:
die auf Widerruf gestundete Zeit
wird sichtbar am Horizont.

    Drüben versinkt dir die Geliebte im Sand,
er steigt um ihr wehendes Haar,
er fällt ihr ins Wort,
er befiehlt ihr zu schweigen,
er findet sie sterblich
und willig dem Abschied
nach jeder Umarmung.

Sieh dich nicht um.
Schnür deinen Schuh.
Jag die Hunde zurück.
Wirf die Fische ins Meer.
Lösch die Lupinen!

Es kommen härtere Tage.

An die Sonne

Schöner als der beachtliche Mond und sein geadeltes Licht,
Schöner als die Sterne, die berühmten Orden der Nacht,
Viel schöner als der feurige Auftritt eines Kometen
Und zu weit Schönrem berufen als jedes andre Gestirn,
Weil dein und mein Leben jeden Tag an ihr hängt, ist die Sonne.

Schöne Sonne, die aufgeht, ihr Werk nicht vergessen hat
Und beendet, am schönsten im Sommer, wenn ein Tag
An den Küsten verdampft und ohne Kraft gespiegelt die Segel
Über dein Aug ziehn, bis du müde wirst und das letzte verkürzt.

Ohne die Sonne nimmt auch die Kunst wieder den Schleier,
Du erscheinst mir nicht mehr, und die See und der Sand,
Von Schatten gepeitscht, fliehen unter mein Lid.

Schönes Licht, das uns warm hält, bewahrt und wunderbar
                                                    sorgt,
Daß ich wieder sehe und daß ich dich wiederseh!

Nichts Schönres unter der Sonne als unter der Sonne zu sein ...

Nichts Schönres als den Stab im Wasser zu sehn und den Vogel
                                                    oben,
Der seinen Flug überlegt, und unten die Fische im Schwarm,
Gefärbt, geformt, in die Welt gekommen mit einer Sendung
                                                    von Licht,
Und den Umkreis zu sehn, das Geviert eines Felds,
                                das Tausendeck meines Lands
Und das Kleid, das du angetan hast. Und dein Kleid, glockig
                                                    und blau!

Schönes Blau, in dem die Pfauen spazieren und sich verneigen,
Blau der Fernen, der Zonen des Glücks mit den Wettern für
                                                    mein Gefühl,
Blauer Zufall am Horizont! Und meine begeisterten Augen
Weiten sich wieder und blinken und brennen sich wund.

Schöne Sonne, der vom Staub noch die größte Bewundrung
                                                    gebührt,
Drum werde ich nicht wegen dem Mond und den Sternen
                                                    und nicht,
Weil die Nacht mit Kometen prahlt und in mir einen Narren sucht,
Sondern deinetwegen und bald endlos und wie um nichts sonst
Klage führen über den unabwendbaren Verlust meiner Augen.

Es ist Feuer unter der Erde

Es ist Feuer unter der Erde,
und das Feuer ist rein.

Es ist Feuer unter der Erde
und flüssiger Stein.

Es ist ein Strom unter der Erde,
der strömt in uns ein.

Es ist ein Strom unter der Erde,
der sengt das Gebein.

Es kommt ein großes Feuer,
es kommt ein Strom über die Erde.

Wir werden Zeugen sein.

Ich aber liege allein

Ich aber liege allein
im Eisverhau voller Wunden.

Es hat mir der Schnee
noch nicht die Augen verbunden.

Die Toten, an mich gepreßt,
schweigen in allen Zungen.

Niemand liebt mich und hat
für mich eine Lampe geschwungen!

GÜNTER GRASS

Ehe

Wir haben Kinder, das zählt bis zwei.
Meistens gehen wir in verschiedene Filme.
Vom Auseinanderleben sprechen die Freunde.
  Doch meine und Deine Interessen
  berühren sich immer noch
  an immer den gleichen Stellen.
  Nicht nur die Frage nach den Manschettenknöpfen.
  Auch Dienstleistungen:
  Halt mal den Spiegel.
  Glühbirnen auswechseln.
  Etwas abholen.
  Oder Gespräche, bis alles besprochen ist.
Zwei Sender, die manchmal gleichzeitig
auf Empfang gestellt sind.
Soll ich abschalten?
  Erschöpfung lügt Harmonie.
  Was sind wir uns schuldig? Das.
  Ich mag das nicht: Deine Haare im Klo.
Aber nach elf Jahren noch Spaß an der Sache.
Ein Fleisch sein bei schwankenden Preisen.
Wir denken sparsam in Kleingeld.
Im Dunkeln glaubst Du mir alles.
Aufribbeln und Neustricken.
Gedehnte Vorsicht.
Dankeschönsagen.
  Nimm Dich zusammen.
  Dein Rasen vor unserem Haus.
  Jetzt bist Du wieder ironisch.
  Lach doch darüber.
  Hau doch ab, wenn Du kannst.

Unser Haß ist witterungsbeständig.
Doch manchmal, zerstreut, sind wir zärtlich.
Die Zeugnisse der Kinder
müssen unterschrieben werden.
Wir setzen uns von der Steuer ab.
Erst übermorgen ist Schluß.
Du. Ja Du. Rauch nicht soviel.

König Lear

In der Halle,
in jeder Hotelhalle,
in einem eingesessenen Sessel,
Klub-, Leder-, doch niemals Korbsessel,
zwischen verfrühten Kongreßteilnehmern
und leeren Sesseln, die Anteil haben,
selten, dann mit Distanz gegrüßt,
sitzt er, die von Kellnern umsegelte Insel,
und vergißt nichts.

Diese Trauer findet an sich Geschmack
und lacht mit zwölf Muskeln einerseits.
Viel hört er nicht aber alles
und widerlegt den Teppich.
Die Stukkatur denkt er weg
und stemmt seine Brauen gegen.
Bis sich ihr Blattgold löst,
sprechen Barockengel vor.
Die Kirche schickt Spitzel;
ihm fehlen Komparsen.
Vergeblich ahmen zuviele Spiegel ihn nach.
Seine Töchter sind Anekdoten.

Im Hotel Sacher wird nach Herrn Kortner verlangt.
Herr Kortner läßt sagen, er sei auf der Probe.
In der Halle, in seinem Sessel, stellt jemand sich tot
und trifft sich mit Kent auf der Heide.

HERTHA KRÄFTNER

Dorfabend

Beim weißen Oleander
begruben sie das Kind,
und horchten miteinander,
ob nicht der falsche Wind
den Nachbarn schon erzähle,
daß es ein wenig schrie,
als seine ungetaufte Seele,
im Halstuch der Marie
erwürgt, zum Himmel floh.
Es roch nach Oleander,
nach Erde und nach Stroh;
sie horchten miteinander,
ob nicht der Wind verriete,
daß sie dem toten Knaben
noch eine weiße Margerite
ans blaue Hälschen gaben ...
Sie hörten aber nur
das Rad des Dorfgendarmen,
der pfeifend heimwärts fuhr.
Dann seufzte im Vorübergehen
am Zaun die alte Magdalen:
»Gott hab mit uns Erbarmen.«

HANS MAGNUS ENZENSBERGER

Letztwillige Verfügung

Tut mir doch die Fahne aus dem Gesicht, sie kitzelt:
begrabt darin meine Katze, begrabt sie dort,
wo mein chromatischer Garten war.

Nehmt den Blechkranz von meiner Brust, er scheppert so:
werft ihn zu den Statuen auf den Schutt
und schenkt die Schleifen den Huren, damit sie sich schmücken.

Sprecht die Gebete ins Telefon, aber schneidet den Draht ab:
oder wickelt sie in ein Taschentuch voller Semmelbrösel
für die blöden Fische im Tümpel.

Soll der Bischof zu Haus bleiben und sich betrinken:
gebt ihm ein Fäßchen Rum,
er wird Durst haben von der Predigt.

Und laßt mich mit Denksteinen und Zylindern zufrieden:
pflastert mit dem schönen Basalt eine Gasse, die niemand
                                        bewohnt,
eine Gasse für Vögel.

In meinem Koffer ist viel bekritztes Papier für meinen winzigen
                                        Vetter:
der soll Luftschiffe falten daraus, schön von der Brücke segelnde,
die im Fluß ersaufen.

Was übrig bleibt: eine Unterhose ein Feuerzeug ein schöner Opal
und ein Wecker, das müßt ihr Kallisthenes schenken,
                                        dem Lumpenhändler,
und dazu ein gehöriges Trinkgeld.

Um die Auferstehung des Fleisches inzwischen und das
ewige Leben
werde ich mich, wenn es euch recht ist, selber bekümmern:
Es ist meine Sache, nicht wahr? Lebt wohl.

Im Nachttisch sind noch ein paar Zigaretten.

GÜNTER KUNERT

Frist

Und Sonne war und fiel heiß auf sie nieder
Und fiel auf mich der ich doch bei ihr war.
Die Wellen gingen fort und kamen immer wieder
Zurück voll Neugier zu dem nackten Paar.

Ein wenig Fleisch auf soviel Sandgehäufe
Ein wenig Frist in ziemlich viel Unendlichkeit
Ein wenig Leben und zwei Lebensläufe
Darüber Sonne und darunter Dunkelheit.

Empfehlung

Empfehlung
Sich nicht zu ducken:

Das Schiff liefe nicht vorwärts
Stünde nicht aufrecht im Wind
Das Segel.

Als unnötigen Luxus

Als unnötigen Luxus
Herzustellen verbot was die Leute
Lampen nennen
König Tharsos von Xantos der
Von Geburt
Blinde.

PETER RÜHMKORF

Hochseil

Wir turnen in höchsten Höhen herum,
selbstredend und selbstreimend,
von einem Individuum
aus nichts als Worten träumend.

Was uns bewegt – warum? wozu? –
den Teppich zu verlassen?
Ein nie erforschtes Who-is-who
im Sturzflug zu erfassen.

Wer von so hoch zu Boden blickt,
der sieht nur Verarmtes / Verirrtes.
Ich sage: wer Lyrik schreibt, ist verrückt,
wer sie für wahr nimmt, wird es.

Ich spiel mit meinem Astralleib Klavier,
vierfüßig – vierzigzehig –
Ganz unten am Boden gelten wir
für nicht mehr ganz zurechnungsfähig.

Die Loreley entblößt ihr Haar
am umgekippten Rheine ...
Ich schwebe graziös in Lebensgefahr
grad zwischen Freund Hein und Freund Heine.

Bleib erschütterbar und widersteh

Also heut: zum Ersten, Zweiten Letzten:
allen Durchgedrehten, Umgehetzten,
was ich, kaum erhoben, wanken seh,
gestern an- und morgen abgeschaltet:
Eh dein Kopf zum Totenkopf erkaltet:
Bleib erschütterbar – doch widersteh.

Die uns Erde, Wasser, Luft versauen
(Fortschritt marsch! mit Gas und Gottvertrauen)
Ehe sie dich einvernehmen, eh
du im Strudel bist und schon im Solde,
wartend, daß die Kotze sich vergolde:
Bleib erschütterbar – und widersteh.

Schön, wie sich die Sterblichen berühren –
Knüppel zielen schon auf Herz und Nieren,
daß der Liebe gleich der Mut vergeh ...
Wer geduckt steht, will auch andre biegen
(Sorgen brauchst du dir nicht selber zuzufügen;
alles was gefürchtet wird, wird wahr –)
Bleib erschütterbar
Bleib erschütterbar – und widersteh.

Widersteht! im Siegen Ungeübte;
zwischen Scylla hier und dort Charybde
schwankt der Wechselkurs der Odyssee ...
Finsternis kommt reichlich nachgeflossen;
aber du mit – such sie dir! – Genossen!
teilst das Dunkel, und es teilt sich die Gefahr
Leicht und jäh – –
Bleib erschütterbar –
Bleib erschütterbar – doch widersteh.

REINER KUNZE

Erste Liebe

Sprechen mit dem Fahrer
während der Fahrt verboten!
Der Stadtdirektor

Herr Fahrer, Herr Fahrer,
wohin fährt Ihr Bus?

   Wohin meine Arme ihn lenken
   und Gas ihm gibt mein Fuß.

Herr Fahrer, Herr Fahrer,
lenkt ihn hinaus aus der Stadt!

   Ich will aus der Stadt ihn lenken,
   weil sie viel Schatten hat.

Herr Fahrer, Herr Fahrer,
der Schatten ist es nicht.

   Dann sind es die vielen Menschen
   mit dem fremden Gesicht.

Herr Fahrer, Herr Fahrer,
die eine ist es nur.

   Die eine, mein Junge, die Feine,
   die mit dem andern fuhr?

Herr Fahrer, Herr Fahrer,
wohin bringt mich Ihr Bus?

Er fährt im Kreis das Herzeleid,
das man ertragen muß.

SARAH KIRSCH

Bei den weißen Stiefmütterchen

Bei den weißen Stiefmütterchen
Im Park wie ers mir auftrug
Stehe ich unter der Weide
Ungekämmte Alte blattlos
Siehst du sagt sie er kommt nicht

Ach sage ich er hat sich den Fuß gebrochen
Eine Gräte verschluckt, eine Straße
Wurde plötzlich verlegt oder
Er kann seiner Frau nicht entkommen
Viele Dinge hindern uns Menschen

Die Weide wiegt sich und knarrt
Kann auch sein er ist schon tot
Sah blaß aus als er dich untern Mantel küßte
Kann sein Weide kann sein
So wollen wir hoffen er liebt mich nicht mehr

Ich wollte meinen König töten

Ich wollte meinen König töten
Und wieder frei sein. Das Armband
Das er mir gab, den einen schönen Namen
Legte ich ab und warf die Worte
Weg die ich gemacht hatte: Vergleiche
Für seine Augen die Stimme die Zunge
Ich baute leergetrunkene Flaschen auf
Füllte Explosives ein – das sollte ihn
Für immer verjagen. Damit

Die Rebellion vollständig würde
Verschloß ich die Tür, ging
Unter Menschen, verbrüderte mich
In verschiedenen Häusern – doch
Die Freiheit wollte nicht groß werden
Das Ding Seele dies bourgeoise Stück
Verharrte nicht nur, wurde milder
Tanzte wenn ich den Kopf
An gegen Mauern rannte. Ich ging
Den Gerüchten nach im Land die
Gegen ihn sprachen, sammelte
Drei Bände Verfehlungen eine Mappe
Ungerechtigkeiten, selbst Lügen
Führte ich auf. Ganz zuletzt
Wollte ich ihn einfach verraten
Ich suchte ihn, den Plan zu vollenden
Küßte den andern, daß meinem
König nichts widerführe

Schwarze Bohnen

Nachmittags nehme ich ein Buch in die Hand
Nachmittags lege ich ein Buch aus der Hand
Nachmittags fällt mir ein es gibt Krieg
Nachmittags vergesse ich jedweden Krieg
Nachmittags mahle ich Kaffee
Nachmittags setze ich den zermahlenen Kaffee
Rückwärts zusammen schöne
Schwarze Bohnen
Nachmittags ziehe ich mich aus mich an
Erst schminke dann wasche ich mich
Singe bin stumm

Keiner hat mich verlassen

Keiner hat mich verlassen
Keiner ein Haus mir gezeigt
Keiner einen Stein aufgehoben
Erschlagen wollte mich keiner
Alle reden mir zu

Nachricht aus Lesbos

Ich weiche ab und kann mich den Gesetzen
Die hierorts walten länger nicht ergeben:
Durch einen Zufall oder starren Regen
Trat Wandlung ein in meinen grauen Zellen
Ich kann nicht wie die Schwestern wollen leben.

Nicht liebe ich das Nichts das bei uns herrscht
Ich sah den Ast gehalten mich zu halten
An anderes Geschlecht ich lieb hinfort
Die runden Wangen nicht wie ehegestern
Nachts ruht ein Bärtiger auf meinem Bett.

Und wenn die Schwestern erst entdecken werden
Daß ich leibhaft bin der Taten meines Nachbilds
Täterin und ich nicht meine Schranke
Muß Feuer mich verzehren und verberg ichs
Verrät mich bald die Plumpheit meines Leibes.

Dieser Abend, Bettina, es ist

Dieser Abend, Bettina, es ist
Alles beim alten. Immer
Sind wir allein, wenn wir den Königen schreiben
Denen des Herzens und jenen
Des Staats. Und noch
Erschrickt unser Herz
Wenn auf der anderen Seite des Hauses
Ein Wagen zu hören ist.

Der Rest des Fadens

Drachensteigen. Spiel
Für große Ebnen ohne Baum und Wasser. Im offenen Himmel
Steigt auf
Der Stern aus Papier, unhaltbar
Ins Licht gerissen, höher, aus allen Augen
Und weiter, weiter

Uns gehört der Rest des Fadens, und daß wir dich kannten.

WOLF BIERMANN

Kleinstadtsonntag

Gehn wir mal hin?
Ja, wir gehn mal hin.
Ist hier was los?
Nein, es ist nichts los.
Herr Ober, ein Bier!
Leer ist es hier.
Der Sommer ist kalt.
Man wird auch alt.
Bei Rose gabs Kalb.
Jetzt isses schon halb.
Jetzt gehn wir mal hin.
Ja, wir gehn mal hin.
Ist er schon drin?
Er ist schon drin.
Gehn wir mal rein?
Na gehn wir mal rein.
Siehst du heut fern?
Ja, ich sehe heut fern.
Spielen sie was?
Ja, sie spielen was.
Hast du noch Geld?
Ja, ich habe noch Geld.
Trinken wir ein'?
Ja, einen klein'.
Gehn wir mal hin?
Ja, gehn wir mal hin.
Siehst du heut fern?
        Ja, ich sehe heut fern.

Ballade vom preußischen Ikarus

1.
Da, wo die Friedrichstraße sacht
Den Schritt über das Wasser macht
    da hängt über der Spree
Die Weidendammerbrücke. Schön
Kannst du da Preußens Adler sehn
    wenn ich am Geländer steh

    dann steht da der preußische Ikarus
    mit grauen Flügeln aus Eisenguß
        dem tun seine Arme so weh
    er fliegt nicht weg – er stürzt nicht ab
    macht keinen Wind – und macht nicht schlapp
        am Geländer über der Spree

2.
Der Stacheldraht wächst langsam ein
Tief in die Haut, in Brust und Bein
    ins Hirn, in graue Zelln
Umgürtet mit dem Drahtverband
Ist unser Land ein Inselland
    umbrandet von bleiernen Welln

    da steht der preußische Ikarus
    mit grauen Flügeln aus Eisenguß
        dem tun seine Arme so weh
    er fliegt nicht weg – und stürzt nicht ab
    macht keinen Wind – und macht nicht schlapp
        am Geländer über der Spree

3.
Und wenn du wegwillst, mußt du gehn
Ich habe schon viele abhaun sehn
      aus unserm halben Land
Ich halt mich fest hier, bis mich kalt
Dieser verhaßte Vogel krallt
      und zerrt mich übern Rand

      dann bin ich der preußische Ikarus
      mit grauen Flügeln aus Eisenguß
            dann tun mir die Arme so weh
      dann flieg ich hoch – dann stürz ich ab
      mach bißchen Wind – dann mach ich schlapp
            am Geländer über der Spree

   Berlin, du deutsche deutsche Frau

      Berlin, du deutsche deutsche Frau
      Ich bin dein Hochzeitsfreier
      Ach, deine Hände sind so rauh
      Von Kälte und von Feuer
      Ach, deine Hüften sind so schmal
      Wie deine breiten Straßen
      Ach, deine Küsse sind so schal
      Ich kann dich nimmer lassen

      Ich kann nicht weg mehr von dir gehn
      Im Westen steht die Mauer
      Im Osten meine Freunde stehn
      Der Nordwind ist ein rauher
      Berlin, du blonde blonde Frau
      Ich bin dein kühler Freier
      Dein Himmel ist so hundeblau
      Darin hängt meine Leier

Ermutigung

Peter Huchel gewidmet

Du, laß dich nicht verhärten
In dieser harten Zeit
Die all zu hart sind, brechen,
Die all zu spitz sind, stechen
und brechen ab sogleich

Du, laß dich nicht verbittern
In dieser bittren Zeit
Die Herrschenden erzittern
– sitzt du erst hinter Gittern –
Doch nicht vor deinem Leid

Du, laß dich nicht erschrecken
In dieser Schreckenszeit
Das wolln sie doch bezwecken
Daß wir die Waffen strecken
Schon vor dem großen Streit

Du, laß dich nicht verbrauchen
Gebrauche Deine Zeit
Du kannst nicht untertauchen
Du brauchst uns, und wir brauchen
Grad deine Heiterkeit

Wir wolln es nicht verschweigen
In dieser Schweigezeit
Das Grün bricht aus den Zweigen
Wir wolln das allen zeigen
Dann wissen sie Bescheid

Lied vom donnernden Leben

Das kann doch nicht alles gewesn sein
Das bißchen Sonntag und Kinderschrein
   das muß doch noch irgendwo hin gehn
     hin gehn

Die Überstunden, das bißchen Kies
Und aabns inner Glotze das Paradies
   da in kann ich doch keinen Sinn sehn
     Sinn sehn

Das kann doch nich alles gewesn sein
Da muß doch noch irgend was kommen! nein
   da muß doch noch Leebn ins Leebn
     eebn

He, Kumpel, wo bleibt da im Ernst mein Spaß?
Nur Schaffn und Raffn und Hustn und Haß
   und dann noch den Löffl abgebn
     gebn

Das soll nun alles gewesn sein
Das bißchen Fußball und Führerschein
   das war nun das donnernde Leebn
     Leebn

Ich will noch'n bißchen was Blaues sehn
Und will noch paar eckige Rundn drehn
   und dann erst den Löffel abgebn
     eebn

Nur wer sich ändert, bleibt sich treu

für Arno Lustiger

Ich schwamm durch Blut in das große Licht
Neugierig kam ich aus dem Bauch
Ich war ein Tier. Und ich war ein Mensch
Von Anfang an und lernte auch
Bei der Gestapo im Verhör
Soff ich am Busen ohne Scheu
Die Wahrheit mit der Muttermilch:
Nur wer sich ändert, bleibt sich treu

Von Hamburg bin ich dann abgehaun
Mit Sechzehn ins Gelobte Land
Da sind Millionen den gleichen Weg
Wie ich, bloß umgekehrt gerannt
Ich wollte von zuhause weg
Nach Haus! Die Reise ist nicht neu:
Wer jung ist, sucht ein Vaterland
Nur wer sich ändert, bleibt sich treu

So kam ich drüben an: ohne Arg
Und blindbegeistert wie ein Kind
Bald sah ich, daß rote Götter auch
Nur Menschen Schweine Hunde sind
Mein Vater hat mich nicht gemacht
Damit ich Lügen wiederkäu
Drum schrie ich meine Wahrheit aus:
Nur wer sich ändert, bleibt sich treu

Heiß oder kalt, immer war da Krieg
Ich ging von West nach Ost nach West
Und hielt mich an meinen Waffen, die

Gitarre und am Bleistift fest
Ich bleibe was ich immer war
Halb Judenbalg und halb ein Goij
Eins aber weiß ich klipp und klar:
Nur wer sich ändert, bleibt sich treu

Mit Weibern habe ich nichts! als Glück
Gehabt. Ich war so grün und blind
Und wußt nur vorne im Hinterkopf
Daß auch die Weiber Menschen sind
Nun weiß ich bis ins kleinste Teil
Mit dem ich meine Frau erfreu:
Die Männerherrschaft stinkt mich an
Nur wer sich ändert, bleibt ein Mann

Ich war verzweifelt von Anfang an
Und immer hab ich neu gehofft
– so kann man leben. Bald kommt der Tod
Ich kenn Freund Hein, ich traf ihn oft
Er bleibt mein Feind, dem ich auch nicht
zum Schluß gereimte Rosen streu
Mit letzter Puste krächze ich:
Nur wer sich ändert, bleibt sich treu

KURT BARTSCH

Die Leichenwäscherin ist tot

Die Leichenwäscherin ist tot
Wer wäscht denn jetzt die Leichen
Wer malt ihnen die Lippen rot
Die in der Frühe bleichen

Wer wäscht die Toten kämmt ihr Haar
Das ist durchaus vonnöten
Wer bricht ihnen die Finger gar
Daß sie noch einmal beten

Kein Mensch geht gern ins Leichenhaus
Bei keinem Wind und Wetter
Die Toten sehn so seltsam aus
Wie kalt und weiße Bretter

Wie Schnee der in der Sonne taut
Mit seltsam schwarzen Flecken
So kalt ihr Fleisch so gelb die Haut
Daß wir davor erschrecken

Die Leichenwäscherin ist tot
Wer wäscht denn jetzt die Leichen
Wer malt ihnen die Lippen rot
Die in der Frühe bleichen

Am Mittag geht ein lauer Wind
Wie soll das bloß noch enden
Wer wäscht wenn wir gestorben sind
Das Blut von unsern Händen.

ROBERT GERNHARDT

Siebenmal mein Körper

Mein Körper ist ein schutzlos Ding,
wie gut, daß er mich hat.
Ich hülle ihn in Tuch und Garn
und mach ihn täglich satt.

Mein Körper hat es gut bei mir,
ich geb' ihm Brot und Wein.
Er kriegt von beidem nie genug,
und nachher muß er spein.

Mein Körper hält sich nicht an mich,
er tut, was er nicht darf.
Ich wärme mich an Bild, Wort, Klang,
ihn machen Körper scharf.

Mein Körper macht nur, was er will,
macht Schmutz, Schweiß, Haar und Horn.
Ich wasche und beschneide ihn
von hinten und von vorn.

Mein Körper ist voll Unvernunft,
ist gierig, faul und geil.
Tagtäglich geht er mehr kaputt,
ich mach ihn wieder heil.

Mein Körper kennt nicht Maß noch Dank,
er tut mir manchmal weh.
Ich bring ihn trotzdem übern Berg
ich fahr ihn an die See.

Mein Körper ist so unsozial.
ich rede, er bleibt stumm.
Ich leb ein Leben lang für ihn.
Er bringt mich langsam um.

Doppelte Begegnung
am Strand von Sperlonga

Die Sonne stand schon tief.
Der Strand war weit und leer.
Schräg ging mein Schatten vor mir her,
indes der deine lief.

Du warst mir unbekannt.
Ihr nähertet euch schnell.
Dein Schatten dunkel und du hell,
so kamt ihr übern Sand.

Sehr schön und ziemlich nackt
liefst du an mir vorbei.
Da warn die Schatten nicht mehr zwei,
sie deckten sich exakt.

Wir sahn euch lange nach.
Ihr drehtet euch nicht um.
Ihr lieft, du und dein Schatten, stumm,
von uns sprach einer: Ach.

Schön und gut und klar und wahr

Da sind diese vier weißen Tauben,
die sich in das Blau des Himmels schrauben.

Sie leuchten sehr auf beim Steigen,
um sich kurz darauf dunkel zu zeigen.

Das machen sie immer gemeinsam,
nie flog auch nur eine je einsam.

Warum die das tun? Keine Ahnung.
Möglicherweise als Mahnung:

Es ist schön, sich im Aufwind zu wiegen
Es ist gut, nicht alleine zu fliegen
Es ist klar, daß Steigen schon viel ist
Es ist wahr, daß der Weg das Ziel ist.

Ach

Ach, noch in der letzten Stunde
werde ich verbindlich sein.
Klopft der Tod an meine Türe,
rufe ich geschwind: Herein!

Woran soll es gehn? Ans Sterben?
Hab' ich zwar noch nie gemacht,
doch wir werd'n das Kind schon schaukeln –
na, das wäre ja gelacht!

Interessant so eine Sanduhr!
Ja, die halt ich gern mal fest.

Ach – und das ist Ihre Sense?
Und die gibt mir dann den Rest?

Wohin soll ich mich jetzt wenden?
Links? Von Ihnen aus gesehn?
Ach, von mir aus! Bis zur Grube?
Und wie soll es weitergehn?

Ja, die Uhr ist abgelaufen.
Wollen Sie die jetzt zurück?
Gibt's die irgendwo zu kaufen?
Ein so ausgefall'nes Stück

Findet man nicht alle Tage,
womit ich nur sagen will
– ach! Ich soll hier nichts mehr sagen?
Geht in Ordnung! Bin schon

VOLKER BRAUN

Das Eigentum

Da bin ich noch: mein Land geht in den Westen.
KRIEG DEN HÜTTEN FRIEDE DEN PALÄSTEN.
Ich selber habe ihm den Tritt versetzt.
Es wirft sich weg und seine magre Zierde.
Dem Winter folgt der Sommer der Begierde.
Und ich kann *bleiben wo der Pfeffer wächst.*
Und unverständlich wird mein ganzer Text.
Was ich niemals besaß wird mir entrissen.
Was ich nicht lebte, werd ich ewig missen.
Die Hoffnung lag im Weg wie eine Falle.
Mein Eigentum, jetzt habt ihrs auf der Kralle.
Wann sag ich wieder *mein* und meine alle.

ROLF DIETER BRINKMANN

Trauer auf dem Wäschedraht im Januar

Ein Stück Draht, krumm
ausgespannt, zwischen zwei
kahlen Bäumen, die

bald wieder Blätter
treiben, früh am Morgen
hängt daran eine

frisch gewaschene
schwarze Strumpfhose
aus den verwickelten

langen Beinen tropft
das Wasser in dem hellen
frühen Licht auf die Steine.

THOMAS BRASCH

Lied

Für B.

Wolken gestern und Regen
Jetzt ist keiner mehr hier
Ich bin nicht dagegen
Singe und trinke mein Bier

Tränen heute und Lieder
Bäume verdunkeln den Mond
Ich komme immer wieder
Dorthin wo keiner mehr wohnt

Blätter morgen und Winde
Bist du immer noch hier
Ich besinge die Rinde
Der Bäume und warte bei dir

Der schöne 27. September

Ich habe keine Zeitung gelesen.
Ich habe keiner Frau nachgesehn.
Ich habe den Briefkasten nicht geöffnet.
Ich habe keinem einen Guten Tag gewünscht.
Ich habe nicht in den Spiegel gesehn.
Ich habe mit keinem über alte Zeiten gesprochen und
mit keinem über neue Zeiten.
Ich habe nicht über mich nachgedacht.
Ich habe keine Zeile geschrieben.
Ich habe keinen Stein ins Rollen gebracht.

Schlaflied für K.

Nacht oder Tag oder jetzt
Will ich bei dir liegen
Vom schlimmsten Frieden gehetzt
Zwischen zwei Kriegen

Ich oder wir oder du
Denken ohne Gedanken
Schließ deine Augen zu
Siehst du die Städte schwanken

In den Traum oder Tod oder Schlaf
Komm in den Steingarten
wo ich dich nie traf
will ich jetzt auf dich warten

ULLA HAHN

Anständiges Sonett

> Schreib doch mal
> ein anständiges Sonett
> *St. H.*

Komm beiß dich fest ich halte nichts
vom Nippen. Dreimal am Anfang küß
mich wo's gut tut. Miß
mich von Mund zu Mund. Mal angesichts

der Augen mir Ringe um
und laß mich springen unter
der Hand in deine. Zeig mir wie's drunter
geht und drüber. Ich schreie ich bin stumm.

Bleib bei mir. Warte. Ich komm wieder
zu mir zu dir dann auch
»ganz wie ein Kehrreim schöner alter Lieder«.

Verreib die Sonnenkringel auf dem Bauch
mir ein und allemal. Die Lider
halt mir offen. Die Lippen auch.

Ars poetica

Danke ich brauch keine neuen
Formen ich stehe auf
festen Versesfüßen und alten
Normen Reimen zu Hauf

zu Papier und zu euren
Ohren bring ich was klingen soll
klingt mir das Lied aus den
Poren rinnen die Zeilen voll

und über und drüber und drunter
und drauf und dran und wohlan
und das hat mit ihrem Singen
die Loreley getan.

Blinde Flecken

Daß wir so uneins sind hält uns zusammen
du dort ich hier – wir sind auf andrer Fahrt:
Dein Istgewesen mein Eswirdnochkommen
zwei blinde Flecken in der Gegenwart
die uns gehört wie Träume vorm Erwachen
wenn wir schon wissen daß wir Träumer sind
die mit uns spielt ein Weilchen in den Winden
bis jedes hier und dort sich wiederfindet.

Für einen Flieger

Wenn du in Bausch und Bogen vorwärtsschreitend
das Erdreich mit den Füßen trittst bis weich
du abhebst in die höheren Regionen
und dir die Erde leicht wird oder seicht

erscheint beim Anblick dieser Millionen Toten
der Sisyphos der Tantalos die schwer
einander in den offenen Armen hängen
glaubst du von fern: sie liebten sich so sehr.

Als Lied erreicht ihr Stöhnen deine Ohren
Kains Hand scheint dir führt Abel hin zum Tanz
ein Abendlicht quillt allen aus den Poren

vergoldet dir die Sicht die Wiederkehr
zur Erde die du fast wie mich verloren
flieg höher nicht: du findest uns nicht mehr.

Katzenmahlzeit

Alles ist in Roma eßbar
Artischocken schwarzes Schaf
Ciceroni Chips Cypressen
Rosmarin Maroni

Alles ist in Rom vergeßbar
Esbahn Uhahn Alster Spree
Villen Pillen Brillenträger
Papa Papperlap

Alles ist vergeßbar eßbar
Colosseum Marzipan
Minestrone Mama Mia
Dolce Duce Du

Winterlied

Als ich heute von dir ging
fiel der erste Schnee
und es machte sich mein Kopf
einen Reim auf Weh.

    Denn es war die Kälte nicht
die die Tränen mir
in die Augen trieb es war
vielmehr Ungereimtes.

Ach da warst du schon zu weit
als ich nach dir rief
und ich fragte wer die Nacht
in deinen Reimen schlief.

PETER MAIWALD

Hanne

Ihr rotes Haar, das wie ein Vorhang fiel,
barg uns für eine halbe Nacht.
Sie war sehr jung und sprach mit mir nicht viel.
Sie hat mein Zögern ausgelacht.

Als ich sie ansah, sprach sie: halt mich fest
für diese eine kurze Zeit.
Geh schnell, wenn du mich in der Früh verläßt.
Jetzt will ich deine Zärtlichkeit.

Es ist nur, weil so nacht ist und die Angst
mir heute große Augen macht.
Ich lieb dich nicht, will nicht, daß du's verlangst.

Es ist genug, wenn du mich magst
und bleibst, daß ich den zweiten Atem spüre
und mich nicht fürchte und mich nicht verliere.

Letzte Stunde

In der letzten Stunde da
konnten wir nichts machen.

Du wolltest nicht traurig sein,
ich konnte nicht lachen.

So packten wir die Zeit
in Papier und Reden.

Danach gingen wir zu zweit
allein beschwert von jedem.

ANDRÉ HELLER

Mein Liebstes, tu die Schatten fort

Mein Liebstes,
tu die Schatten fort,
die in den Zimmern liegen.
Das sind die Häute,
die wir trugen
in den verlornen Siegen.

Ich hör dem Spott der Drossel zu.
Er gilt belognen Lügnern,
verlorenen Verlierern
und betrogenen Betrügern.

Da sind wohl
du und ich gemeint
und alle unsre Tage,
die nicht gegebne Antwort
und die nie gestellte Frage.

Mein Liebstes,
tu die Schatten fort,
die in den Zimmern liegen.
Das sind die Häute,
die wir trugen
in den verlornen Siegen.

FRIEDERIKE ROTH

Das alte Treiben

Was, Liebster
soll sein
mit der Liebe?
Vor meinem Fenster
die Fichte
steht ruhig
morgens, abends
im Vogelgezwitscher
nachts
schwarz gegen den Mond.

Verschont
will ich bleiben.
Das alte Treiben
will nicht mehr
und begehr
Unmögliches
doch wieder sehr.

DURS GRÜNBEIN

Wie kreuzgefährlich Rituale sind

Wie kreuzgefährlich Rituale sind, auch unter Christen,
Zeigt eine Hiobsbotschaft aus Südafrika.
In einem Fluß in Swaziland, bei einer Taufe,

Ertrank ein junger Schwarzer. Noch bevor der Spruch
Des Priesters ganz zu Ende war, trug ihn die Flut davon,
Stromabwärts über scharfe Felsen. Die Gemeinde

Verlor ihn in Sekunden aus dem Blick. Sein Kopf,
Melonengleich, trieb erst zur Mitte, dann versank er
In einem wilden Strudel. Halb schon Christ,

Und halb noch Heide, ging er zwischen beiden Ufern
Verloren in den trüben Wellen, bis er röchelnd
Das Sakrament des Krokodils empfing.

Quellennachweise

Ingeborg Bachmann (1926 Klagenfurt-1974 Rom)
Die große Fracht; Die gestundete Zeit; An die Sonne; Es ist Feuer unter der
Erde; Ich aber liege allein (Lieder auf der Flucht II). Aus: Ingeborg Bachmann,
Werke. Band 1: Gedichte Hörspiele Libretti Übersetzungen, hg. v. Christine
Koschel, Inge von Weidenbaum, Clemens Münster. © 1978 Piper Verlag GmbH,
München.

Kurt Bartsch (1937 Berlin-2010 Berlin)
Die Leichenwäscherin ist tot. Aus: Kurt Bartsch, Kaderakte. Rowohlt Taschenbuch Verlag GmbH, Reinbek bei Hamburg 1979. Abdruck mit freundlicher Genehmigung von Irene Bartsch.

Richard Beer-Hofmann (1866 Wien-1945 New York)
Schlaflied für Mirjam. Aus: Richard Beer-Hofmann, Gesammelte Werke. S. Fischer Verlag GmbH, Frankfurt am Main 1963. Abdruck mit freundlicher Genehmigung von Dr. Andreas Thomasberger.

Gottfried Benn (1886 Mansfeld-1956 Berlin)
Auf deine Lider senk ich Schlummer; Kommt –; Letzter Frühling; Nur zwei
Dinge. Aus: Gottfried Benn, Sämtliche Gedichte. © Klett-Cotta, Stuttgart 1998.
Einsamer nie –. Aus: Gottfried Benn, Statische Gedichte, hg. v. Paul Raabe.
© 1948, 2006 by Arche Verlag AG, Zürich – Hamburg.

Wolf Biermann (* 1936 Hamburg)
Kleinstadtsonntag; Berlin, du deutsche deutsche Frau. Aus: Wolf Biermann,
Alle Lieder. Copyright © 1962 by Wolf Biermann.
Ballade vom preußischen Ikarus. Aus: Wolf Biermann, Alle Lieder. Copyright
© 1976 by Wolf Biermann.
Ermutigung; Lied vom donnernden Leben. Aus: Wolf Biermann, Alle Lieder.
Copyright © 1966 und 1975 by Wolf Biermann.
Nur wer sich ändert, bleibt sich treu. Aus: Wolf Biermann, Alle Lieder. Copy-
right © 1991 by Wolf Biermann.

Elisabeth Borchers (1926 Homberg/Niederrhein-2013 Frankfurt am Main)
eia wasser regnet schlaf. Aus: Elisabeth Borchers, Gedichte, hg. v. Jürgen Becker.
© Suhrkamp Verlag Frankfurt am Main 1976.

Thomas Brasch (1945 Westow/Yorkshire-2001 Berlin)
Lied; Der schöne 27. September; Schlaflied für K. Aus: Thomas Brasch, Der schöne 27. September. Gedichte. © Suhrkamp Verlag Frankfurt am Main 1980.

Volker Braun (* 1939 in Dresden)
Das Eigentum. Aus: Volker Braun, Lustgarten, Preußen. Ausgewählte Gedichte. © Suhrkamp Verlag Frankfurt am Main 1996.

Bertolt Brecht (1898 Augsburg-1956 Berlin)
Erinnerung an die Marie A.; Gegen Verführung; Vom armen B. B.; Fragen; Die Seeräuberjenny; Denn wovon lebt der Mensch? (2. Dreigroschenfinale). Aus: Bertolt Brecht, Werke. Große kommentierte Berliner und Frankfurter Ausgabe, Band 11: Gedichte 1, hg. v. Jan Knopf und Gabriele Knopf. © Suhrkamp Verlag Frankfurt am Main 1988.
General, dein Tank ist ein starker Wagen; Legende von der Entstehung des Buches Taoteking auf dem Weg des Laotse in die Emigration; An die Nachgeborenen; Kinderhymne; Der Radwechsel; Der Rauch. Aus: Bertolt Brecht, Werke. Große kommentierte Berliner und Frankfurter Ausgabe, Band 12: Gedichte 2, hg. v. Jan Knopf. © Suhrkamp Verlag Frankfurt am Main 1988.
Denn wie man sich bettet (Lied der Jenny). Aus: Bertolt Brecht, Werke. Große kommentierte Berliner und Frankfurter Ausgabe, Band 13: Gedichte 3, hg. v. Jan Knopf und Brigitte Bergheim. © Suhrkamp Verlag Frankfurt am Main 1993.
Salomon Song; Und so kommt zum guten Ende; Terzinen über die Liebe. Aus: Bertolt Brecht, Werke. Große kommentierte Berliner und Frankfurter Ausgabe, Band 14: Gedichte 4, hg. v. Jan Knopf und Brigitte Bergheim. © Suhrkamp Verlag Frankfurt am Main 1993.
Als ich nachher von dir ging; Sieben Rosen hat der Strauch; Es wechseln die Zeiten. Aus: Bertolt Brecht, Werke. Große kommentierte Berliner und Frankfurter Ausgabe, Band 15: Gedichte 5, hg. v. Jan Knopf und Brigitte Bergheim. © Suhrkamp Verlag Frankfurt am Main 1993.

Clemens Brentano (1778 Ehrenbreitstein-1842 Aschaffenburg)
Über eine Skizze. Aus: Clemens Brentano, Werke, Band 1: Romanzen vom Rosenkranz. Gedichte, hg. v. Wolfgang Frühwald, Bernhard Gajek, Friedhelm Kemp. Carl Hanser Verlag, München 1978.

Rolf Dieter Brinkmann (1940 Vechta-1975 London)
Trauer auf dem Wäschedraht im Januar. Aus: Westwärts 1 & 2. Gedichte. Mit Fotos und Anmerkungen des Autors. Erweiterte Neuausgabe. Copyright © 2005 Rowohlt Verlag GmbH, Reinbek bei Hamburg.

Wilhelm Busch (1832 Wiedensahl-1908 Mechtshausen)
Es sitzt ein Vogel auf dem Leim. Aus: Wilhelm Busch, Gedichte, ausgewählt von Theo Schlee. Insel Verlag Frankfurt am Main und Leipzig 1999.

Paul Celan (1920 Czernowitz-1970 Paris)
Todesfuge; Die Krüge. Aus: Paul Celan, Gesammelte Werke, hg. v. Beda Allemann und Stefan Reichert. Suhrkamp Verlag Frankfurt am Main 1983. Band 1: Gedichte I. © 1952, Deutsche Verlags-Anstalt München in der Verlagsgruppe Random House GmbH.

Adelbert von Chamisso (1781 Schloß Boncourt/Champagne-1838 Berlin)
Die alte Waschfrau. Aus: Adelbert von Chamisso, Sämtliche Werke, hg. v. Werner Feudel und Christel Laufer, Band 1: Gedichte. Dramatisches. Winkler Verlag, München 1982.

Matthias Claudius (1740 Reinfeld-1815 Hamburg)
Kriegslied. Aus: Matthias Claudius, Aus dem Wandsbecker Boten. Auswahl und Nachwort v. K. Nussbächer. Philipp Reclam Verlag, Stuttgart 1981. Der Tod. Aus: Sämtliche Werke. Winkler Verlag, München 1987.

Felix Dörmann (1870 Wien-1928 Wien)
Was ich liebe. Aus: Die Wiener Moderne. Literatur, Kunst und Musik zwischen 1890 und 1910, hg. v. Gotthart Wunberg unter Mitarbeit von Johannes J. Braakenburg. Philipp Reclam Verlag, Stuttgart 1981.

Hilde Domin (1912 Köln-2006 Heidelberg)
Mit leichtem Gepäck. Aus: Hilde Domin, Gesammelte Gedichte. © S. Fischer Verlag GmbH, Frankfurt am Main 1987.

Günter Eich (1907 Lebus/Oder-1972 Salzburg)
Latrine; Inventur. Aus: Günter Eich, Gesammelte Werke in vier Bänden, Band 1: Die Gedichte. Die Maulwürfe, hg. v. Axel Vieregg. © Suhrkamp Verlag Frankfurt am Main 1991.

Joseph von Eichendorff (1788 Schloß Lubowitz/Oberschlesien-1857 Neiße/Schlesien)
Lied (»In einem kühlen Grunde«); Zwielicht; Frühlingsfahrt; In der Fremde; Mondnacht; Wünschelrute. Aus: Joseph von Eichendorff, Sämtliche Gedichte und Versepen, hg. v. Hartwig Schultz. Insel Verlag Frankfurt am Main und Leipzig 2001.

Hans Magnus Enzensberger (* 1929 Kaufbeuren)
Letztwillige Verfügung. Aus: Hans Magnus Enzensberger, Verteidigung der Wölfe. © Suhrkamp Verlag Frankfurt am Main 1957.

Paul Fleming (1609 Hartenstein/Vogtland-1640 Hamburg)
Zur Zeit seiner Verstoßung. Aus: Paul Fleming, Gedichte, Auswahl und Nachwort Johannes Pfeiffer. Philipp Reclam Verlag, Stuttgart 1967.

Theodor Fontane (1819 Neuruppin-1898 Berlin)
Ja, das möcht' ich noch erleben; An meinem Fünfundsiebzigsten; Schlaf. Aus: Theodor Fontane, Gedichte in einem Band, hg. v. Otto Drude. Insel Verlag Frankfurt am Main und Leipzig 1998.

Erich Fried (1921 Wien-1988 Baden-Baden)
Logos. Aus: Erich Fried, Befreiung von der Flucht. Claassen Verlag in der Ullstein Buchverlage GmbH, Berlin 1983. © RA Kurt Groenewald, Nachlass Erich Fried.
Bevor ich sterbe. Aus: Erich Fried, Lebensschatten. Gedichte. © Verlag Klaus Wagenbach, Berlin 1981.
Was es ist. Aus: Erich Fried, Es ist was es ist. © Verlag Klaus Wagenbach, Berlin 1983.

Stefan George (1868 Büdesheim-1933 Minusio) Komm in den totgesagten park und schau! Aus: Stefan George, Sämtliche Werke in 18 Bänden, hg. v. der Stefan George-Stiftung, Stuttgart. Band 4: Das Jahr der Seele, bearbeitet von Georg P. Landmann. Klett-Cotta, Stuttgart 1982.
Wer je die Flamme umschritt. Aus: Stefan George, Sämtliche Werke in 18 Bänden, hg. v. der Stefan George-Stiftung, Stuttgart. Band 8: Der Stern des Bundes, bearbeitet von Ute Oelmann. Klett-Cotta, Stuttgart 1993.

Robert Gernhardt (1937 Reval/Estland-2006 Frankfurt am Main)
Siebenmal mein Körper; Doppelte Begegnung am Strand von Sperlonga; Schön und gut und klar und wahr; Ach. Aus: Robert Gernhardt, Gesammelte Gedichte 1954-2006. © S. Fischer Verlag GmbH, Frankfurt am Main 2008.

Hermann von Gilm zu Rosenegg (1812 Innsbruck-1864 Linz)
Allerseelen. Aus: Liebe. Liebesgedichte deutscher, österreichischer und Schweizer Autoren vom 16. Jahrhundert bis zur Gegenwart, hg. v. Nina Kindler. Kindler Verlag, München 1980.

Johann Wolfgang von Goethe (1749 Frankfurt am Main-1832 Weimar)
Freudvoll und leidvoll (Aus: Egmont). Aus: Johann Wolfgang von Goethe, Sämtliche Werke. Briefe, Tagebücher und Gespräche, Band 5: Dramen 1776-1790, hg. v. Dieter Borchmeyer. Deutscher Klassiker Verlag Frankfurt am Main 1988.
Zum Sehen geboren, zum Schauen bestellt; Chorus Mysticus (Aus: Faust). Aus: Johann Wolfgang von Goethe, Sämtliche Werke, Band 7/1: Faust. Texte, hg. v. Albrecht Schöne. Deutscher Klassiker Verlag Frankfurt am Main 1994.

Nähe des Geliebten. Aus: Johann Wolfgang von Goethe, Sämtliche Werke, Band 1: Gedichte 1756-1799, hg. v. Karl Eibl. Deutscher Klassiker Verlag Frankfurt am Main 1987.
Willkommen und Abschied; Heidenröslein; Das Veilchen; Prometheus; Rastlose Liebe; Alle Freuden, die unendlichen; An den Mond (Zweite Fassung); Der Fischer; Grenzen der Menschheit; Wandrers Nachtlied; Der Sänger; Harfenspieler; Mignon (»Kennst du das Land ...«); Mignon (»Nur wer die Sehnsucht kennt«); Gefunden; Dämmrung senkte sich von oben. Aus: Johann Wolfgang von Goethe, Sämtliche Werke, Band 2: Gedichte 1800-1832, hg. v. Karl Eibl. Deutscher Klassiker Verlag Frankfurt am Main 1988.

Yvan Goll (1891 St. Die-1950 Paris)
Orpheus. Aus: Yvan Goll, Die Lyrik in vier Bänden. Liebesgedichte 1917-1950, hg. und kommentiert von Barbara Glauert-Hesse im Auftrag der Fondation Yvan et Claire Goll, Saint-Dié-des Vosges. © 1996 Argon Verlag GmbH, Berlin. Alle Rechte vorbehalten durch Wallstein Verlag, Göttingen.

Günter Grass (1927 Danzig-2015 Lübeck)
Ehe; König Lear. Aus: Günter Grass, Gedichte und Kurzprosa. Werkausgabe, Band 1. © Steidl Verlag, Göttingen 1997.

Durs Grünbein (* 1962 Dresden)
Wie kreuzgefährlich Rituale sind. Aus: Durs Grünbein, Den Teuren Toten. 33 Epitaphe. © Suhrkamp Verlag Frankfurt am Main 1994.

Andreas Gryphius (1616 Glogau-1664 Glogau)
Tränen des Vaterlandes; Vanitas Vanitatum, et omnia Vanitas. Aus: Andreas Gryphius, Dichtungen, hg. v. Karl Otto Conrady. Rowohlt Verlag GmbH, Reinbek bei Hamburg 1968.

Ulla Hahn (* 1946 Brachthausen/Sauerland)
Anständiges Sonett; Ars poetica; Blinde Flecken; Für einen Flieger; Winterlied. Aus: Ulla Hahn, Herz über Kopf. © 1981, Deutsche Verlags-Anstalt, München, in der Verlagsgruppe Random House GmbH
Katzenmahlzeit. Aus: Ulla Hahn, Spielende. © 1983, Deutsche Verlags-Anstalt München, in der Verlagsgruppe Random House GmbH.

Friedrich Hebbel (1813 Wesselburen-1863 Wien)
Sommerbild. Aus: Das große deutsche Gedichtbuch, hg. v. Karl Otto Conrady. Athenäum Verlag, Königstein im Taunus 1977.
Wenn die Rosen ewig blühten. Aus: Friedrich Hebbel, Gedichte. Philipp Reclam Verlag, Stuttgart 1977.

Heinrich Heine (1797 Düsseldorf-1856 Paris)
Sie haben mich gequälet; Ein Jüngling liebt ein Mädchen; Sie saßen und tranken am Teetisch; Ich hab im Traum geweinet; Ich weiß nicht was soll es bedeuten; Wenn ich an deinem Hause; Du hast Diamanten und Perlen; Lied (»Du bist wie eine Blume«); Donna Clara; An Edom; Im wunderschönen Monat Mai; Leise zieht durch mein Gemüt; Das Fräulein stand am Meere; Ich hatte einst ein schönes Vaterland; Wo?; Nachtgedanken; Das neue Israelitische Hospital zu Hamburg; Gedächtnisfeier; Laß die heilgen Parabolen; Unser Grab erwärmt den Ruhm; »Nicht gedacht soll seiner werden!«. Aus: Heinrich Heine, Sämtliche Gedichte in zeitlicher Folge, hg. v. Klaus Briegleb. Insel Verlag Frankfurt am Main und Leipzig 1995.

André Heller (* 1947 Wien)
Mein Liebstes, tu die Schatten fort. Aus: André Heller, Die Sprache der Salamander. Lieder 1971-1981. Deutscher Taschenbuch Verlag München 1984. Copyright © 1981 Hoffmann und Campe Verlag, Hamburg.

Hermann Hesse (1877 Calw-1962 Montagnola)
Im Nebel. Aus: Hermann Hesse, Die Gedichte 1892-1962. Neu eingerichtet und um Gedichte aus dem Nachlaß erweitert von Volker Michels. © Suhrkamp Verlag Frankfurt am Main 1992.

Georg Heym (1887 Hirschberg-1912 bei Berlin)
Ophelia; Im kurzen Abend; Fröhlichkeit. Aus: Georg Heym, Dichtungen und Schriften. Gesamtausgabe in 4 Bänden. Band 1: Lyrik, bearbeitet von Karl Schneider und Gunter Martens. Verlag C. H. Beck, München 1964.

Jakob van Hoddis (1887 Berlin-1942 Belzec, Chelmno oder Sobibor/Polen)
Weltende. Aus: Jakob van Hoddis, Dichtungen und Briefe, hg. v. Regina Nörtemann. Wallstein Verlag, Göttingen 2007. © by Erbengemeinschaft Jakob van Hoddis.

Friedrich Hölderlin (1770 Lauffen/Neckar-1843 Tübingen)
An die Parzen; An die Deutschen; Sokrates und Alcibiades; Hälfte des Lebens; Hyperions Schicksalslied. Aus: Friedrich Hölderlin, Sämtliche Gedichte und Hyperion, hg. v. Jochen Schmidt. Insel Verlag Frankfurt am Main und Leipzig 1999.

Hugo von Hofmannsthal (1874 Wien-1929 Rodaun)
Prolog zu ›Anatol‹. Aus: Hugo von Hofmannsthal, Ausgewählte Werke in zwei Bänden, Band 1: Gedichte und Dramen, hg. v. Rudolf Hirsch. S. Fischer Verlag GmbH, Frankfurt am Main 1957.
Vorfrühling; Terzinen über die Vergänglichkeit I und II; Ballade des äußeren

Lebens; Manche freilich … Lebenslied; Die beiden. Aus: Hugo von Hofmannsthal, Gesammelte Werke in Einzelausgaben, hg. v. H. Steiner. S. Fischer
Verlag GmbH, Frankfurt am Main 1963.

Christian Hofmann von Hofmannswaldau (1617 Breslau-1679 Breslau)
Auf den Mund. Aus: Liebe. Liebesgedichte deutscher, österreichischer und
Schweizer Autoren vom 16. Jahrhundert bis zur Gegenwart, hg. v. Nina Kindler. Kindler Verlag, München 1980. Vergänglichkeit der Schönheit. Aus: Das
große deutsche Gedichtbuch, hg. v. Karl Otto Conrady. Athenäum Verlag, Königstein im Taunus 1977.
Wo sind die Stunden. Aus: Das Zeitalter des Barock. Texte und Zeugnisse, hg.
v. Albrecht Schöne. C. H. Beck Verlag, München 1988.

Ricarda Huch (1864 Braunschweig-1947 Schönberg/Taunus)
Mein Herz, mein Löwe. Aus: Ricarda Huch, Herbstfeuer. Gedichte. © Insel
Verlag Wiesbaden 1948.
Wo hast du all die Schönheit hergenommen. Aus: Ricarda Huch, Das Buch
der Liebe. Gedichte und Lieder, ausgewählt von Elisabeth Borchers. © Insel
Verlag Frankfurt am Main 1974.

Peter Huchel (1903 Berlin-1981 Staufen i. Br.)
Der Garten des Theophrast. Aus: Peter Huchel, Gesammelte Werke in zwei
Bänden, hg. v. Axel Vieregg, Band 1: Die Gedichte. © Suhrkamp Verlag Frank-
furt am Main 1984.

Ernst Jandl (1925 Wien-2000 Wien)
Lichtung; sommerlied; glückwunsch; ikarus; vater komm erzähl vom krieg.
Aus: Ernst Jandl, Poetische Werke, hg. v. Klaus Siblewski. © 1997 Hermann
Luchterhand, Verlag München, in der Verlagsgruppe Random House.

Mascha Kaléko (d. i. M. Aufen-Engel 1907 Chrzanow/Polen-1975 Zürich)
Interview mit mir selbst; Großstadtliebe; Kleine Havel-Ansichtskarte. Aus:
Mascha Kaléko, Das lyrische Stenogrammheft. Kleines Lesebuch für Große.
Copyright © 1978 Rowohlt Taschenbuchverlag GmbH, Reinbek bei Hamburg.
Emigranten-Monolog. Aus: Mascha Kaléko, Verse für Zeitgenossen. Erschie-
nen im Rowohlt Taschenbuchverlag, Reinbek bei Hamburg 1958. © 1975
Gisela Zoch-Westphal.
Sonett in Dur. Aus: Mascha Kaléko, In meinen Träumen läutet es Sturm. © 1977
Deutscher Taschenbuch Verlag, München.

Marie Luise Kaschnitz (1901 Karlsruhe-1974 Rom)
Nicht gesagt. Aus: Marie Luise Kaschnitz, Gesammelte Werke, hg. v. Christian Büttrich und Norbert Miller, Band 5: Die Gedichte. Insel Verlag Frankfurt am Main 1985. © Dr. Dieter Schnebel.

Erich Kästner (1899 Dresden-1974 München)
Kennst Du das Land; Der Handstand auf der Loreley. Aus: Erich Kästner, Herz auf Taille. © Atrium Verlag, Zürich 1928 und Thomas Kästner.
Moral; Der Streber. Aus: Erich Kästner, Kurz und bündig. © Atrium Verlag, Zürich 1948 und Thomas Kästner.
Die Entwicklung der Menschheit; Was auch geschieht!; Das Eisenbahngleichnis. Aus: Erich Kästner, Gesang zwischen den Stühlen. © Atrium Verlag, Zürich 1932 und Thomas Kästner.
Sachliche Romanze. Aus: Lärm im Spiegel. © Atrium Verlag, Zürich 1929 und Thomas Kästner.
Und wo bleibt das Positive, Herr Kästner? Aus: Erich Kästner, Ein Mann gibt Auskunft. © Atrium Verlag, Zürich 1930 und Thomas Kästner.

Gottfried Keller (1819 Zürich-1890 Zürich)
Winternacht. Aus: Gottfried Keller, Gedichte in einem Band. Insel Verlag Frankfurt am Main und Leipzig 1998.

Justinus Kerner (1786 Ludwigsburg-1862 Weinsberg)
Der Wanderer in der Sägmühle. Aus: Das große deutsche Gedichtbuch, hg. v. Karl Otto Conrady. Athenäum Verlag, Königstein im Taunus 1977.

Sarah Kirsch (1935 Limlingerode/Harz-2013 Heide/Holstein)
Bei den weißen Stiefmütterchen; Ich wollte meinen König töten; Schwarze Bohnen; Keiner hat mich verlassen; Nachricht aus Lesbos; Dieser Abend, Bettina (Wiepersdorf 9), Der Rest des Fadens. Aus: Sarah Kirsch, Sämtliche Gedichte. © 2005, Deutsche Verlags-Anstalt, München, in der Verlagsgruppe Random House GmbH.

Klabund (1890 Crossen/Oder-1928 Davos)
Liebeslied. Aus: Klabund, Die Harfenjule. Gedichte, Lieder und Chansons. Rowohlt Verlag GmbH, Reinbek bei Hamburg 1978.
Ich baumle mit de Beene. Aus: Klabund, Gesammelte Gedichte. Phaidon Verlag, Wien 1930.

Friedrich Gottlieb Klopstock (1724 Quedlinburg-1803 Hamburg)
Das Rosenband. Aus: Friedrich Gottlieb Klopstock, Oden, Auswahl und Nachwort Karl Ludwig Schneider. Philipp Reclam Verlag, Stuttgart 1980.

Hertha Kräftner (1928 Wien-1951 Wien)
Dorfabend. Aus: Deutsche Dichterinnen vom 16. Jahrhundert bis zur Gegenwart. S. Fischer Verlag GmbH, Frankfurt am Main 1978. Abdruck mit freundlicher Genehmigung des Burgenländischen PEN-Clubs.

Theodor Kramer (1897 Niederhollabrunn-1958 Wien)
Die alten Geliebten, Lied am Bahndamm; Wer läutet draußen an der Tür? Aus:
Theodor Kramer, Gesammelte Gedichte in 3 Bänden, hg. v. Erwin Chvojka.
Band 1. © Paul Zsolnay Verlag Wien 1997 und 2005.
Mit dem Staub. Aus: Theodor Kramer, Gesammelte Gedichte in 3 Bänden, hg.
v. Erwin Chvojka. Band 3. © Paul Zsolnay Verlag Wien 1997 und 2004.

Georg Kreisler (1922 Wien-2011 Salzburg)
Der Tod, das muß ein Wiener sein. Aus: Georg Kreisler, Wenn ihr lachen
wollt ... Ein Lesebuch, hg. v. Thomas B. Schumann. © 2001 Edition Memoria,
Hürth.

Karl Krolow (1915 Hannover-1999 Darmstadt)
Sonett, oder auch nicht. Aus: Karl Krolow, Gesammelte Gedichte, Band 3.
© Suhrkamp Verlag Frankfurt am Main 1985.
Es war die Nacht; Gewißheit; Was war, was ist. Aus: Karl Krolow, Gesammelte
Gedichte, Band 4. © Suhrkamp Verlag Frankfurt am Main 1997.

Günter Kunert (* 1929 Berlin)
Frist, Empfehlung; Als unnötigen Luxus. Aus: Günter Kunert, Verkündigung
des Wetters. Gedichte. © Carl Hanser Verlag München 1966.

Reiner Kunze (* 1933 Oelsnitz/Erzgebirge)
Erste Liebe. Aus: Reiner Kunze, Wohin der Schlaf sich schlafen legt. Gedichte
für Kinder. © S. Fischer Verlag GmbH, Frankfurt am Main 1991.

Der von Kürenberg (um 1150/70)
Ich zöch mir einen valken. Aus: Bibliothek des Mittelalters, Band 3: Deutsche
Lyrik des frühen und hohen Mittelalters, hg. v. Ingrid Kasten. Deutscher Klas-
siker Verlag Frankfurt am Main 1995.

Else Lasker-Schüler (1869 Elberfeld-1945 Jerusalem)
Mein blaues Klavier; Frühling; Weltende; Ein Liebeslied. Aus: Else Lasker-Schüler, Werke und Briefe, Band 1: Gedichte, bearbeitet von Karl Jürgen Skrodzki
und Norbert Oellers. © Jüdischer Verlag im Suhrkamp Verlag Frankfurt am
Main 1996.

Hans Leip (1893 Hamburg-1983 Fruthwielen/Schweiz)
Lili Marleen. Aus: Hans Leip, Die Harfenorgel. Gedichte und Zeichnungen. Ver-
lag Langewiesche-Brandt, Ebenhausen 1977. Mit Genehmigung des APOLLO-
Verlag Paul Lincke GmbH, Mainz.

Nikolaus Lenau (d.i.N. Franz Niembsch, ab 1820 Edler von Strehlenau; 1802 Csatád/Ungarn-1850 Oberdöbling)
Der Postillion; Die drei Zigeuner. Aus: Nikolaus Lenau, Gedichte, ausgewählt und mit einem Nachwort versehen von Hansgeorg Schmidt-Bergmann. Insel Verlag Frankfurt am Main und Leipzig 1998.

Gotthold Ephraim Lessing (1729 Kamenz-1781 Braunschweig)
Lied aus dem Spanischen. Aus: Gotthold Ephraim Lessing, Sämtliche Gedichte, hg. v. Gunter E. Grimm. Philipp Reclam Verlag, Stuttgart 1987.

Alfred Lichtenstein (1889 Berlin-1914 Vermandovillers)
Gebet vor der Schlacht; Abschied. Aus: Alfred Lichtenstein, Dichtungen, hg. v. Klaus Kanzog, Hartmut Vollmer und Paul Raabe. Arche Verlag AG, Zürich 1989.

Detlev von Liliencron (1844 Kiel-1909 Hamburg)
Einen Sommer lang. Aus: Detlev von Liliencron, Werke. Band 1: Gedichte, hg. v. Benno v. Wiese. Insel Verlag Frankfurt am Main 1977.

Peter Maiwald (1946 Grötzingen-2008 Düsseldorf)
Hanne. Aus: Peter Maiwald, Balladen von Samstag auf Sonntag. © 1984, Deutsche Verlags-Anstalt, München, in der Verlagsgruppe Random House GmbH. Letzte Stunde. Aus: Peter Maiwald, Guter Dinge. © 1987, Deutsche Verlags-Anstalt, München, in der Verlagsgruppe Random House GmbH.

Conrad Ferdinand Meyer (1825 Zürich-1898 Kilchberg)
Zwei Segel; Der römische Brunnen. Aus: Conrad Ferdinand Meyer, Gedichte, ausgewählt und mit einem Nachwort versehen von Rüdiger Görner. Insel Verlag Frankfurt am Main und Leipzig 1998.

Christian Morgenstern (1871 München-1914 Meran)
Das Huhn; Das ästhetische Wiesel. Aus: Christian Morgenstern, Alle Galgenlieder. Insel Verlag Frankfurt am Main 1972.
Die unmögliche Tatsache; Ein Lächeln irrt verflogen. Aus: Christian Morgenstern, Gesammelte Werke in einem Band, hg. v. Margareta Morgenstern. R. Piper & Co., München 1985.

Eduard Mörike (1804 Ludwigsburg-1875 Stuttgart)
Er ist's; Denk' es, o Seele! Aus: Eduard Mörike, Gedichte in einem Band, hg. v. Bernhard Zeller. Insel Verlag Frankfurt am Main und Leipzig 2001.

Novalis (d.i. Friedrich von Hardenberg; 1772 Oberwiederstedt/Harz-1801 Weißenfels)
Ich sehe dich in tausend Bildern. Aus: Novalis, Werke in einem Band, hg. v.

Hans-Joachim Mähl und Richard Samuel, Carl Hanser Verlag, München 1984.

August von Platen (d. i. August Graf von Platen-Hallermünde; 1796 Ansbach-1835 Syrakus)
Tristan. Aus: August von Platen, Lyrik, hg. v. Jürgen Link. Winkler Verlag, München 1982.
Wer wußte je das Leben recht zu fassen. Aus: August von Platen, Wer wußte je das Leben? Ausgewählte Gedichte, hg. v. Rüdiger Görner. Insel Verlag Frankfurt am Main und Leipzig 1996.

Ferdinand Raimund (1790 Wien-1836 Pottenstein)
Lied (»Hobellied«). Aus: Ferdinand Raimund, Sämtliche Werke, hg. v. Johann N. Vogel, 4. Teil, Wien 1837.

Rainer Maria Rilke (1875 Prag-1926 Val-Mont)
Herbsttag; Der Panther; Die Erblindende; Abschied; Römische Fontäne; Das Karussell; Archaischer Torso Apollos; Leda; Die Flamingos; Rose, oh reiner Widerspruch. Aus: Rainer Maria Rilke, Die Gedichte. Insel Verlag Frankfurt am Main und Leipzig 2006.

Joachim Ringelnatz (d. i. Hans Bötticher; 1883 Wurzen-1934 Berlin)
Bumerang. Aus: Joachim Ringelnatz, Warten auf den Bumerang, ausgewählt und illustriert von Robert Gernhardt. Insel Verlag Berlin 2011.

Friederike Roth (* 1948 Sindelfingen)
Das alte Treiben. Aus: Friederike Roth, Schattige Gärten. Gedichte. © Suhrkamp Verlag Frankfurt am Main 1987.

Peter Rühmkorf (1929 Dortmund-2008 Rosenburg)
Hochseil; Bleib erschütterbar und widersteh. Aus: Peter Rühmkorf, Gedichte, Werke I. Copyright © 2000 by Rowohlt Verlag GmbH, Reinbek bei Hamburg.

Friedrich Schiller (1759 Marbach am Neckar-1805 Weimar)
Die Teilung der Erde; Die Kraniche des Ibykus; Der Ring des Polykrates. Aus: Friedrich Schiller, Sämtliche Gedichte, hg. v. Jochen Golz. Insel Verlag Frankfurt am Main und Leipzig 1991.

Theodor Storm (1817 Husum-1888 Hademarschen)
Abseits; Die Stadt; Elisabeth; Lied des Harfenmädchens; Ein grünes Blatt; Hyazinthen; Wer je gelebt in Liebesarmen. Aus: Theodor Storm, Sämtliche Gedichte in einem Band, hg. v. Dieter Lohmeier. Insel Verlag Frankfurt am Main und Leipzig 2002.

Georg Trakl (1887 Salzburg-1914 Krakau)
Grodek; Im Osten: Aus: Georg Trakl, Die Dichtungen. Insel Verlag Frankfurt am Main 1989.

Kurt Tucholsky (1890 Berlin-1935 Hindas/Schweden)
Luftveränderung; Letzte Fahrt; Das Ideal; Ideal und Wirklichkeit; Aus!; Danach. Aus: Kurt Tucholsky, Sämtliche Gedichte in einem Band, hg. v. Ute Maack und Andrea Spingler. Insel Verlag Frankfurt am Main und Leipzig 2006.

Unbekannter Dichter (12. Jh.)
Du bist min, ich bin din. Aus: Bibliothek des Mittelalters, Band 3: Deutsche Lyrik des frühen und hohen Mittelalters, hg. v. Ingrid Kasten. Deutscher Klassiker Verlag Frankfurt am Main 1995.

Unbekannter Dichter (1460/80)
Verschneiter Weg. Aus: Deutsches Lesebuch. Von Luther bis Liebknecht, hg. v. Stephan Hermlin. Carl Hanser Verlag, München 1976.

Unbekannter Dichter (16. Jh.)
Erntelied. Aus: Des Knaben Wunderhorn. Alte Deutsche Lieder. Gesammelt von Achim von Arnim und Clemens Brentano, hg. v. Heinz Rölleke. Insel Verlag Frankfurt am Main und Leipzig 2003.

Unbekannter Dichter (17. Jh.; vermutlich Christian Weise)
Willst du dein Herz mir schenken. Aus: Ewiger Vorrat deutscher Poesie, hg. v. Rudolf Borchardt. Klett-Cotta, Stuttgart 1977.

Unbekannter Dichter (19. Jh.; vermutlich Clemens Brentano)
Das bucklichte Männlein. Aus: Des Knaben Wunderhorn. Alte deutsche Lieder, gesammelt von Achim von Arnim und Clemens Brentano, hg. v. Heinz Rölleke. Insel Verlag Frankfurt am Main und Leipzig: 2003.

Richard Wagner (1813 Leipzig-1883 Venedig)
Mein Freund! In holder Jugendzeit: Aus: Richard Wagner, Die Meistersinger von Nürnberg. Handlung in drei Aufzügen, hg. v. Wilhelm Zentner. Philipp Reclam Verlag, Stuttgart 1988.

Walther von der Vogelweide (um 1170-um 1230)
Under der linden; Owe' war sint verswunden. Aus: Bibliothek des Mittelalters, Band 3: Deutsche Lyrik des frühen und hohen Mittelalters, hg. v. Ingrid Kasten. Deutscher Klassiker Verlag Frankfurt am Main 1995.

Franz Werfel (1890 Prag-1945 Beverly Hills)
Der Dirigent. Aus: Franz Werfel, Gedichte aus den Jahren 1908-1945. © S. Fischer Verlag GmbH, Frankfurt am Main 1967.

Alphabetisches Verzeichnis der Autoren

Alphabetisches Verzeichnis
der Gedichtanfänge und -überschriften

Gedichte und Balladen

»Bewundert viel und viel gescholten«, haben Schillers Gedichte und Balladen vieles überlebt: die Konkurrenz Goethes,
den Spott der Romantiker, ihre vielfache Parodierung und
einiges mehr. Bis heute gehören seine Werke wie »Die Bürg-
schaft«, »Das Lied von der Glocke« oder »An die Freude« zu
den beliebtesten und meistgelesenen deutschen Gedichten.

Friedrich Schiller, Gedichte und Balladen. insel taschenbuch 4512. 298 Seiten

Die schönsten Gedichte von Joachim Ringelnatz, ausgewählt und illustriert von Robert Gernhardt

»Ringelnatz vereinigt zwischen zwei Buchdeckeln, was immer ihm in einem bestimmten Zeitraum bedichtens- und berichtenswert erschien: Belachbares, Besinnliches, Bedenkenswertes, Bedenkliches und Bedenkenloses.« *Robert Gernhardt*

Eine vergnügliche Auswahl, die nicht nur die Klassiker aus Ringelnatz' Werk versammelt, sondern auch einlädt, Neues und Überraschendes zu entdecken, herrlich illustriert von Robert Gernhardt.

Joachim Ringelnatz, Warten auf den Bumerang.
Gedichte. Ausgewählt und illustriert von Robert Gernhardt.
insel taschenbuch 4072. 96 Seiten

Christian Morgenstern
Die Möwen sehen alle aus,
als ob sie Emma hießen
Gedichte

Die Möwen sehen alle aus, als ob sie Emma hießen

»Das ästhetische Wiesel«, »Das große Lalula«, »Der Gingganz«, »Professor Palmström«, »Muhme Kunkel« – berühmt wurde Christian Morgenstern vor allem durch seine humoristische Lyrik. Neben seinen *Galgenliedern*, die durch brillante Wortschöpfungen und Sprachspielereien noch heute verblüffen und amüsieren, sind in diese Sammlung auch Texte des unbekannteren Morgenstern aufgenommen.

Christian Morgenstern, Die Möwen sehen alle aus, als ob sie Emma hießen. Gedichte. Ausgewählt von Thomas Kluge. insel taschenbuch 4532. 221 Seiten

Droste-Hülshoff schönste Gedichte

Annette von Droste-Hülshoff gehört bis heute zu den beliebtesten und meistgelesenen deutschen Dichterinnen. Ihre Balladen wie »Der Knabe im Moor«, »Am Turme«, »Im Grase«, »Abschied von der Jugend« oder »Am Bodensee« sind von einer schillernden Bildhaftigkeit und für ihre Ausdrucksstärke und Tiefgründigkeit berühmt. Die vorliegende Auswahl präsentiert die schönsten und bedeutendsten Gedichte aus dem Werk der »größten Dichterin Deutschlands« (Ricarda Huch).

Annette von Droste-Hülshoff, Die schönsten Gedichte.
Ausgewählt von Werner Fritsch. insel taschenbuch 4525.
194 Seiten

Rilkes schönste Gedichte

Rainer Maria Rilke ist einer der bedeutendsten Lyriker deutscher Sprache und erfreut sich bis heute einer ungebrochenen Popularität. Dichten ist für Rilke eine Art, die Welt zu erfassen und das Leben zu bewältigen – damit zieht er wie kein anderer besonders auch die jüngeren Generationen in den Bann. Seine einfühlsame, poetische Bildsprache und magische Sprachkraft haben ihn und seine Lyrik unsterblich gemacht. Dieser Band versammelt eine Auswahl der schönsten Gedichte aus Rilkes umfangreichem Gesamtwerk.

Rainer Maria Rilke, Die schönsten Gedichte.
insel taschenbuch 4053. 178 Seiten

NF 151/1/8.12

Mit Rilke durch alle Jahreszeiten

Rainer Maria Rilke
FRÜHLING

Rainer Maria Rilke war ein genauer Beobachter der ihn um-
gebenden Natur, und so entstand eine Fülle von Gedichten
vom Werden des Frühlings und dem Reichtum des Sommers,
vom Vollenden des Herbstes und der Stille des Winters.
Auch in vielen Prosatexten geht er dem Gleichnishaften von
Jahres- und Lebenszeit nach, jahreszeitliche Stimmungen finden Eingang in seine Briefe. Thilo von Pape hat sich in Rilkes Werk umgesehen und reiche Ernte eingefahren, die, nach
Jahreszeiten geordnet, nun in vier Büchern präsentiert wird.

Rainer Maria Rilke, Frühling. Ausgewählt von Thilo von
Pape. insel taschenbuch 4118. 118 Seiten
Rainer Maria Rilke, Sommer. Ausgewählt von Thilo von
Pape. insel taschenbuch 4139. 114 Seiten
Rainer Maria Rilke, Herbst. Ausgewählt von Thilo von
Pape. insel taschenbuch 4173. 128 Seiten
Rainer Maria Rilke, Winter. Ausgewählt von Thilo von
Pape. insel taschenbuch 4192. 123 Seiten

»Und jedem Anfang wohnt ein Zauber inne, der uns beschützt und der uns hilft zu leben.«

»Bei Hermann Hesse fühle ich mich zuhause. Seine Vorstellung vom eigenen Weg – das kam bei mir schon früh an. Keinem anderen Schriftsteller fühle ich mich so verbunden.«
Udo Lindenberg

Hermann Hesse war ein Suchender. Sein großes dichterisches Werk, für das er 1946 den Nobelpreis erhielt, legt Zeugnis davon ab. Immer neue Leser in aller Welt lassen sich von seinen Gedichten faszinieren.

Dieser Band versammelt viele der schönsten und beliebtesten Gedichte von Hermann Hesse. Die vorliegende Auswahl wurde von ihm selbst, ein Jahr vor seinem Tod, zusammengestellt.

Hermann Hesse, Stufen. Ausgewählte Gedichte.
insel taschenbuch 4047. 252 Seiten

Hesse für jede Jahreszeit

Kurt Tucholsky hat über Hermann Hesses Naturdarstellungen geschrieben: »Er kann, was nur wenige können. Er kann einen Sommerabend und ein erfrischendes Schwimmbad ... nicht nur schildern – das wäre nicht schwer. Aber er kann machen, dass es uns heiß und kühl und müde ums Herz wird.« Hermann Hesses Beziehung zur Natur und dem Lauf der Jahreszeiten ist von jeher ein inniges. In vielen Gedichten und Betrachtungen, aber auch in seinen Romanen hat er sie beschrieben und ihren Zauber zu fassen versucht. Ulrike Anders hat Hesses schönste Gedanken zu jeder Jahreszeit ausgewählt.

Hermann Hesse, Frühling. Ausgewählt von Ulrike Anders.
insel taschenbuch 4117. 119 Seiten
Hermann Hesse, Sommer. Ausgewählt von Ulrike Anders.
insel taschenbuch 4138. 119 Seiten
Hermann Hesse, Herbst. Ausgewählt von Ulrike Anders.
insel taschenbuch 4174. 119 Seiten
Hermann Hesse, Winter. Ausgewählt von Ulrike Anders.
insel taschenbuch 4193. 119 Seiten

Dichtung aus dem hohen Norden

Isländische Lyrik in ihrer ganzen Bandbreite von den Anfängen bis zur Gegenwart – erstmals auf Deutsch.

Das Land der Wikinger und Gletscher, der rauen Natur und strengen Winter offenbart seine eindrucksvolle lyrische Seite. In dieser umfassenden Anthologie findet man neben den weltberühmten Versen der Edda auch Gedichte vieler bekannter Autoren wie Halldór Laxness, Steinunn Sigurðardóttir, Gyrðir Elíasson, Andri Snær Magnason und Sjón. Und mit Steinar Bragi und Eiríkur Örn Norðdahl präsentiert die Sammlung auch die jüngsten Stimmen moderner isländischer Dichtung.

Isländische Lyrik. Herausgegeben von Silja Aðalsteinsdóttir, Jón Bjarni Atlason und Björn Kozempel. insel taschenbuch 4054. 222 Seiten

»Siegfried Unseld erzählt, mit
hinreißender Empathie, eine der
schönsten Liebesgeschichten.«
Süddeutsche Zeitung

»… daß ich Eins und doppelt bin«. Für Goethe symbolisier-
te das gefächerte Ginkgo-Blatt seine gespaltene Existenz als
Mensch und Dichter. Als Zeichen seiner Liebe, die er auch um
seines Werken willen opferte, schickte er Marianne von Willemer ein Blatt des Ginkgo-Baumes. In der Stimmung des end-
gültigen Abschieds entwarf er jenes Gedicht, das wie kein anderes die Ambivalenz von Liebe und Kunst einfängt.
Siegfried Unseld beschreibt die Geschichte des außergewöhn-
lichen Baums, er schildert die Beziehung zwischen Goethe und
Marianne von Willemer und die Entstehungsgeschichte eines der bedeutendsten Gedichte der Weltliteratur.

**Siegfried Unseld, Goethe und der Ginkgo. Ein Baum
und ein Gedicht.** Mit Abbildungen. insel taschenbuch 4052.
128 Seiten

Die Geschichte einer jungen Liebe – radikal, kompromisslos und leidenschaftlich bis in den Tod.

Werther ist ein feinfühliger und empfindsamer junger Mann. Er verliebt sich in Lotte, die seine schwärmerische Hingabe an das Gefühl und die Liebe teilt. Doch Lotte ist nicht frei für ihn. Sie ist mit Albert verlobt und wird ihn heiraten. Werther, überwältigt vom absoluten Gefühl, ist verloren und geht den letzten, dramatischen Schritt – und begeht Selbstmord.
Bis heute ist Goethes Werther der schönste Liebesroman der deutschen Literatur.

Johann Wolfgang Goethe, Die Leiden des jungen Werther. insel taschenbuch 4507. 172 Seiten

**In kongenialer Übertragung
von Uwe Johnson**

Das um 1200 entstandene *Nibelungenlied* ist das bekannteste
deutsche Heldenepos: Jeder kennt Siegfrieds Tarnkappe und
seine Haut aus Drachenblut, das Schwert Balmung, den Schatz
der Nibelungen und die fürchterliche Rache der Kriemhild.
Wie kaum ein anderes Werk diente das *Nibelungenlied* als Vor-
lage für Literatur, Kunst und Film: Spätestens seit dem Welt-
erfolg von *Der Herr der Ringe* sind die sagenhaften Bilderwelten
fester Bestandteil moderner Populärkultur.

Das Nibelungenlied. In Prosa übertragen von Manfred
Bierwisch und Uwe Johnson. Mit einem Nachwort von Uwe
Johnson und einem Essay von Manfred Bierwisch.
insel taschenbuch 4528. 262 Seiten